우리 모두 SDGs

지구의 미래를 바꾸는
작지만 대단한 행동들

자료 출처

국제노동기구 ilo.org ｜ 세계보건기구 who.int ｜ 세계자연보전연맹 iucnredlist.org
세계은행 worldbank.org ｜ 국제전기통신연합 itu.int ｜ 국제NGO 워터에이드 wateraid.org
한국에너지공단 신재생에너지센터 knrec.or.kr ｜ 대한민국 보건복지부 mohw.go.kr
일본유니세프협회 unicef.or.jp ｜ 일본 자원에너지청 enecho.meti.go.jp
유엔 〈세계 식량 안보와 영양 현황(2022)〉

참고 사이트

유엔 지속가능발전목표 un.org/sustainabledevelopment
대한민국 환경부 지속가능발전포털 ncsd.go.kr
대한민국 통계청 지표누리 index.go.kr
전국지속가능발전협의회 sdkorea.org
유니세프와 지속가능발전목표 unicef.org/unicef-and-sustainable-development-goals

MIJIKA DE TORIKUMU SDGs 1 IE DE DEKIRU SDGs
MIJIKA DE TORIKUMU SDGs 2 MACHI DE DEKIRU SDGs
MIJIKA DE TORIKUMU SDGs 3 GAKKOU DE DEKIRU SDGs
Copyright © 2022 Froebel-kan
All rights reserved.
Original Japanese edition published by Froebel-kan Co., Ltd., Tokyo.

This Korean language edition is published by arrangement with Froebel-kan Co., Ltd.,
Tokyo in care of Tuttle-Mori Agency, Inc., Tokyo, through Amo Agency, Korea.

Supervised by SEKI Masao ｜ Compiled by WILL Child Education Institute
Designed by Yoshi-des. (YOSHIMURA Ryou, ISHII Shiho)
Illustrated by CHO-CHAN, SAITO Azumi ｜ Edited by WILL (NISHINO Izumi, KATAOKA Hiroko)

이 책의 한국어판 저작권은 AMO 에이전시를 통해 저작권자와 독점 계약한 머핀북에 있습니다.
저작권법에 의해 한국 내에서 보호를 받는 저작물이므로 무단 전재와 무단 복제를 금합니다.

우리 모두 SDGs

WILL어린이교육연구소 엮음 | 세키 마사오 감수 | 양윤정 옮김

지구의 미래를 바꾸는 작지만 대단한 행동들

머핀북

SDGs 에 대해

SDGs의 뜻

Sustainable ········· 오래 계속할 수 있는
Development ······· 발전, 성장
Goals ················· 목표

우리말로 해석하면 **'지속가능발전목표'**예요.
2015년 유엔(UN) 총회에서 192개 회원국들의 만장일치로
채택된 17개의 목표를 말해요. 2030년까지 전 세계가
함께 달성해야 할 인류 공동의 목표라고 할 수 있지요.
SDGs를 달성하려면 너나없이 전 세계 모든
나라들이 힘을 모으고 함께 노력해야 해요. 실제로
많은 나라들이 SDGs를 달성하기 위해 애쓰는 중이랍니다.

다음 쪽에서 SDGs 목표
17개를 자세히 설명할게요!

알고 있나요?

오늘날 우리가 살아가는 세계는 차별, 전쟁, 폭력, 난민,
환경 오염, 빈부 격차 등 여러 가지 문제를 안고 있어요.
이대로 가다가는 후손들에게 물려줄 지구가 사라질지도
몰라요. 그래서 전 세계 사람들이 SDGs 목표를 만들어
함께 이 위기를 극복하기로 약속한 것이랍니다.

여러분 중에 혹시 이렇게 생각하는 사람이 있나요?
'저 수많은 문제를 어떻게 해결하겠어? 너무 늦었어.'
'난 아직 어려서 할 수 있는 게 없을 거야.'
하지만 더 나은 미래를 위해 우리가 할 수 있는 일이
생각보다 아주 많아요. 우리 함께 집에서, 학교에서, 동네에서
쉽게 할 수 있는 실천 방안들을 알아볼까요?
우리의 아주 사소한 행동이 지구의 미래를 바꿀 수 있답니다!

SDGs

**목표 1
빈곤층 감소와
사회안전망 강화**

빈곤 인구의 비율을 줄이자.

**목표 2
식량안보 및
지속가능한 농업 강화**

기아가 없는 세상을 만들자.

**목표 3
건강하고 행복한 삶 보장**

모두가 건강하게 살면서
복지를 누리자.

**목표 7
에너지의 친환경적
생산과 소비**

친환경 에너지의 사용을 늘리자.

**목표 8
좋은 일자리 확대와
경제성장**

양질의 일자리를 늘리고
경제를 성장시키자.

**목표 9
산업의 성장과 혁신 활성화 및
사회기반시설 구축**

지속가능한 산업화와
기술 혁신을 이루자.

**목표 13
기후변화와 대응**

기후변화를 막을 구체적인
대책을 세우자.

**목표 14
해양생태계 보전**

해양 환경과 자원을 지키자.

**목표 15
육상생태계 보전**

육상 환경과 자원을 지키자.

17개 목표

목표 4
모두를 위한 양질의 교육
질 높은 교육을
모두가 공평하게 받자.

목표 5
성평등 보장
성평등을 실현하고
여성의 권리를 늘리자.

목표 6
건강하고 안전한 물관리
깨끗한 물과 안전한
위생 시설을 마련하자.

목표 10
모든 종류의 불평등 해소
차별을 없애고
평등한 기회를 제공하자.

목표 11
**지속가능한 도시와
주거지 조성**
안전하고 살기 좋은
주거지를 만들자.

목표 12
지속가능한 생산과 소비
경제적·환경적으로 책임 있게
물건을 만들고 소비하자.

목표 16
평화·정의·포용
평화롭고 공정하고
포용적인 사회를 만들자.

목표 17
지구촌 협력 강화
전 세계가 힘을 합해
서로 돕는 체제를 만들자.

이 책의 구성

SDGs 목표를 실천하려면 가장 먼저 무엇을 해야 할까요?
바로 내 주변에서 일어나는 일이나 나를 둘러싼 환경에서
힌트를 찾는 것이랍니다!

늘 마주치는 익숙한 광경이라도 '왜 그럴까?' 궁금해하는 습관을 가지세요. 그리고 평소 모습과 다르다면 꼼꼼히 잘 살펴보세요.

평소와 다른 이유가 바로 SDGs의 힌트예요. 이제 힌트를 보면서 내가 무엇을 어떻게 해야 할지 생각하는 것이 중요해요.

이 책의 포인트

하나의 힌트를 보여 주고 이와 관련 있는 여러 가지 행동을 소개해요.

힌트를 보고 내가 할 수 있는 행동을 찾아보아요.

물을 줘야지!

이것이 바로 **행동**

우리의 작은 행동들이 하나둘 모이면 SDGs 목표를 달성할 수 있어요.

이처럼 일상 속에서 힌트를 찾는 법, SDGs 목표 달성을 위해 실천하고 행동하는 법을 배울 거예요!

힌트를 통해 우리가 달성해야 할 목표와 할 수 있는 행동을 알려 주어요.

식물을 소중히 여기고 정성껏 가꾸어요.

행동과 연결된 SDGs 목표

내가 할 수 있는 행동을 실천해 보세요. 누구나 SDGs의 주체가 될 수 있어요!

차례

- ④ **SDGs에 대해 알고 있나요?**
- ⑥ **SDGs 17개 목표**
- ⑧ **이 책의 구성**

⑫ 집에서 할 수 있는 SDGs

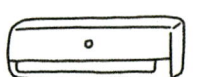

- ⑭ **식사 시간**
  SDGs 더 알아보기 가난한 사람은 전 세계에 얼마나 되나요?

- ⑳ **가족과 함께하는 주말**
  SDGs 더 알아보기 펫숍에 있는 동물들은 행복할까요?

- ㉖ **대청소하는 날**
  SDGs 더 알아보기 아직 어린아이인데 왜 공부 대신 일을 하나요?

- ㉜ **목욕 시간**
  SDGs 더 알아보기 인프라가 없는 생활은 어떨까요?

- ㊳ **등교 시간**
  SDGs 더 알아보기 누구나 깨끗한 화장실을 쓰는 것은 아니에요

- ㊸ **친구 집에 놀러 간 날**
  SDGs 더 알아보기 폭력에 시달리는 아이들을 지켜 주세요!

㊽ 동네에서 할 수 있는 SDGs

- ㊿ **동네 산책1**
  SDGs 더 알아보기 탄소 줄이기 캠페인에 동참해요!

- 56 **마트 쇼핑**
  SDGs 더 알아보기 가난한 사람들을 살리는 공정 무역

(62) **대중교통 이용**
SDGs 더 알아보기 배리어 프리가 발달한 나라는 어디일까요?

(68) **공원**
SDGs 더 알아보기 점점 더 늘어나는 인클루시브 공원

(74) **동네 산책 2**
SDGs 더 알아보기 자연의 힘을 이용해 만드는 그린 에너지

(80) **수족관**
SDGs 더 알아보기 멸종 위기에 놓인 소중한 생명을 지켜요!

(84) **학교에서 할 수 있는 SDGs**

(86) **수업 시간**
SDGs 더 알아보기 선생님은 힘든 직업인가요?

(92) **쉬는 시간**
SDGs 더 알아보기 학교에 다니지 못하는 아이들

(98) **하교 시간**
SDGs 더 알아보기 태양광 발전을 설치하는 학교가 점점 늘어나요!

(104) **급식 시간**
SDGs 더 알아보기 우리의 식탁을 책임지는 풍요로운 바다

(110) **발표 시간**
SDGs 더 알아보기 깨끗한 물은 당연한 것이 아니에요

(115) **등하굣길**
SDGs 더 알아보기 빈곤은 생각보다 아주 가까이에 있어요!

(120) **추천사** SDGs와 우리의 삶을 이어 주는 마중물 같은 책

(122) **용어 설명 | 교과 연계표**

식사 시간

SDGs 힌트 찾기

힌트: 엄마 혼자 설거지를 하고 있어요.

힌트: 음식물 쓰레기가 엄청 많이 쌓여 있어요.

우리는 하루에 세 번, 맛있는 식사를 해요. 그런데 부엌과 식탁에서도 SDGs를 찾을 수 있어요. 그림 속에 숨어 있는 SDGs를 찾은 뒤, 우리가 해야 할 행동을 생각해 보아요.

목표
5 성평등 보장

집안일을 조금씩 나누어 함께 해요.

요리가 아직 어렵다면, 다 먹은 그릇을 치우거나 설거지를 돕는 것부터 시작해 보아요.

온 가족이 똑같이 밥을 먹는데, 왜 엄마만 요리를 하고 설거지를 해야 하나요? 다 함께 식사를 준비하고 식사 후 뒷정리도 나누어 한다면 엄마에게 휴식 시간과 여유가 생길 거예요. 이처럼 결혼한 여성도 집안일을 전적으로 맡지 않는다면, 회사를 다니거나 의미 있는 사회 활동을 할 수 있어요. 즉, 엄마의 집안일을 돕는 것은 **성평등**을 실현할 수 있는 밑거름이 된답니다.

가족 덕분에 푹 쉰 엄마는 다음 날 회사에서 열심히 일할 힘이 생겨요.

집안일 분담 목록 만들기

집안일은 여러분이 생각하는 것보다 훨씬 많아요. 식사 준비, 설거지, 빨래, 청소, 화분 물 주기, 옷장 정리 등 끝이 없지요. 집안일 목록을 적은 다음, 각자 잘할 수 있는 일을 한 가지씩 맡아 보는 건 어떨까요?

목표 12 지속가능한 생산과 소비

음식물 쓰레기를 줄이기 위해 애써요.

야채 껍질, 과일의 씨처럼 먹을 수 없는 부분은 결국 음식물 쓰레기가 돼요. 하지만 조금만 신경 쓰면 음식물 쓰레기의 양을 줄일 수 있어요. 예를 들어 오른쪽 그림처럼 사과를 깎으면, 그냥 베어 먹을 때보다 버려지는 부분이 훨씬 적어요. 얇게 자른 뒤 씨 부분만 파내는 것도 좋은 방법이고요. 조금이라도 음식물 쓰레기를 줄여 <mark>지속가능한 생산과 소비</mark>를 달성하는 데 힘을 보태 보아요.

*껍질이나 씨가 너무 단단하면 음식물 파쇄 과정에서 기계를 망가뜨리기 때문에 일반 쓰레기로 버려야 해요. 파인애플, 코코넛의 껍질이나 복숭아씨, 살구씨 등이 여기에 해당돼요.

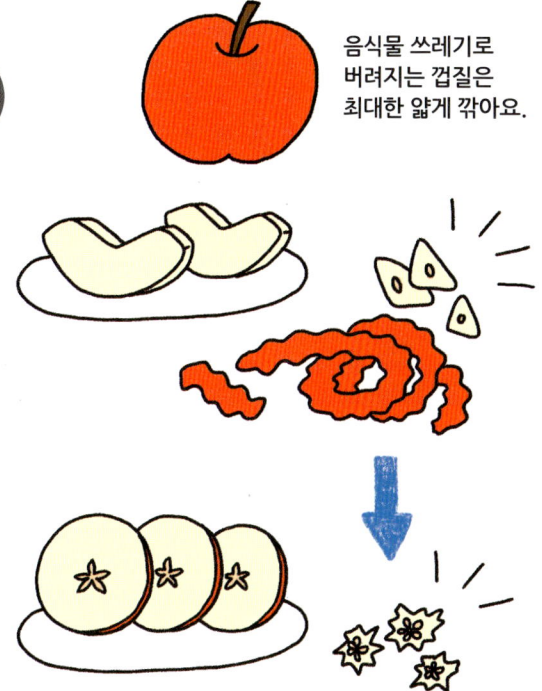

음식물 쓰레기로 버려지는 껍질은 최대한 얇게 깎아요.

씨 부분만 쏙 파내요!

목표 2 식량안보 및 지속가능한 농업 강화

음식을 남기지 않도록 노력해요.

음식을 남기는 것은 정말 아까울 뿐만 아니라, 식재료를 낭비하는 일이에요. 음식을 만든 사람의 노력과 시간도 낭비되는 셈이지요. 그러니 되도록 음식을 남기지 않는 습관을 길러야 해요. 따라서 간식을 너무 자주 먹지 말고, 바른 태도와 감사한 마음으로 식사하도록 해요. 먹거리를 소중히 여기는 마음은 <mark>식량안보</mark>를 실현하는 첫걸음이랍니다.

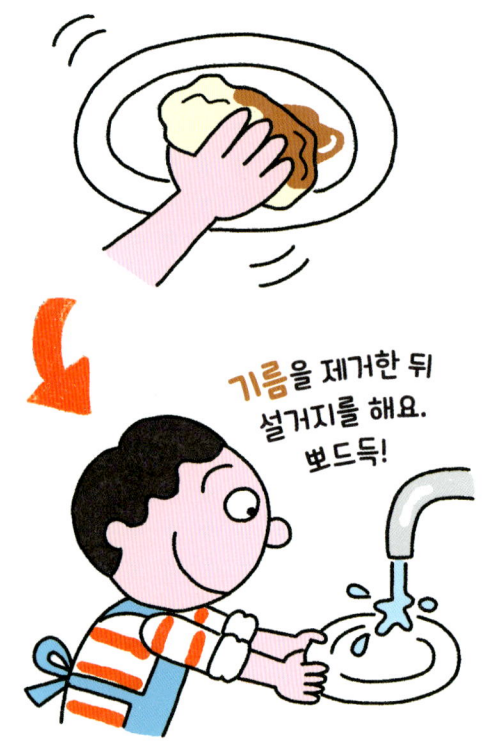

목표 14 해양생태계 보전 — 소스나 기름을 닦아 낸 다음 설거지를 해요.

그릇에 소스나 기름이 많이 남아 있으면, 천이나 휴지로 먼저 닦은 뒤 설거지를 하도록 해요. 소스나 기름을 그대로 흘려 보내면 하수도관이 막히기도 하고, 강이나 바다로 흘러 들어가 물을 오염시키기 때문이에요. 게다가 소스나 기름을 깨끗이 닦으려면 세제를 더 많이 써야 해서, 결국 물을 낭비하는 셈이에요. 설거지 전에 휴지로 그릇을 먼저 닦는 것은 수질도 보호하고 물 낭비도 막을 수 있어서 해양생태계 보전에 많은 도움이 된답니다.

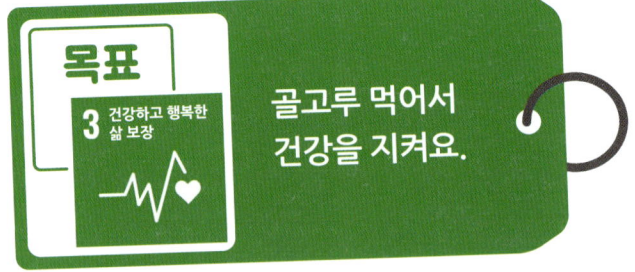

목표 3 건강하고 행복한 삶 보장 — 골고루 먹어서 건강을 지켜요.

좋아하는 음식만 골라 먹으면 영양소를 골고루 섭취할 수 없어서 건강이 나빠져요. 건강이 나빠지면 병치레를 자주 하고 상처도 빨리 아물지 않지요. 우리 몸은 음식물을 섭취해 영양소를 얻고 건강을 유지해요. 따라서 편식하지 말고 골고루 잘 먹어서 건강하고 행복한 삶을 실현해 보아요.

SDGs 더 알아보기 | **1 빈곤층 감소와 사회안전망 강화**

가난한 사람은 전 세계에 얼마나 되나요?

약 7억 명은 절대 빈곤

안심하고 살 집이 없거나 먹을 것이 없어서 굶는 등 기본적인 생활도 할 수 없는 가난한 상태를 '절대 빈곤'이라고 해요. 전 세계 인구 가운데 약 7억 명이 절대 빈곤에 시달리고 있어요. 우선 '절대 빈곤'으로 매우 힘겹게 사는 사람이 있다는 것을 아는 것이 중요해요. 그래야 이들을 보호하기 위한 사회 제도가 마련될 테니까요.(사회안전망 강화) 절대 빈곤을 해결하기 위해 지금 우리가 할 수 있는 일은 무엇일지도 함께 생각해 보아요.

가난하면 어떤 문제가 생겨요?

건강이 나빠져요
기본적인 음식조차 먹지 못하면 건강이 나빠지고 각종 질병에 걸리기 쉬워요.

학교에 갈 수 없어요
가난한 아이들은 가족을 먹여 살리기 위해 일을 하느라 학교 교육을 받지 못해요.

제대로 된 직업을 갖지 못해요
제때 적당한 교육을 받지 못하면 충분한 돈을 벌 수 있는 직업을 갖기 어려워요.

함께 이야기해요! 우리나라에도 가난한 아이들이 있어요. 그 비율이 어느 정도 되는지 조사해 보고, 그 친구들을 응원하는 방법에 대해 이야기해 보아요.

가족과 함께하는 주말

SDGs 힌트 찾기

힌트: 혼자 텔레비전을 보고 있어요.

힌트: 겨울에 반팔을 입고는 춥다고 온도를 30도로 올려요.

주말에 가족과 함께 시간을 보낼 때도 여러분이 할 수 있는 SDGs가 많이 있어요. 아래 그림의 힌트를 보면서 어떻게 행동해야 할지 생각해 보아요.

힌트: 아무도 없는 방에 전등을 켜 두어요.

힌트: 하루 종일 핸드폰만 보고 있어요.

목표

17 지구촌 협력 강화

가족과 즐거운 시간을 보내요.

온 가족이 집에 머무는 주말인데 각자 시간을 보낸다면 조금 서운할 것 같아요. 그러지 말고 가족과 함께할 수 있는 일을 찾아 즐거운 시간을 보내 보아요. 이렇게 가족처럼 가까운 사람과 좋은 관계를 유지하면 다른 사람들과도 잘 지낼 수 있는 힘이 생겨요. 그리고 이 힘은 **지구촌 협력 강화**의 기본 바탕이 돼요. 아주 작은 일도 함께 머리를 맞대면 훨씬 쉽고 더 나은 해결 방법을 찾을 수 있지요. 이러한 협력은 개인뿐 아니라 나라와 나라 사이에서도 중요하답니다.

멀리 떨어진 가족과 자주 연락하기

가족과 한 집에 살지 않고 떨어져 지낸다면 자주 연락하는 것이 좋겠지요? 요즘은 인터넷이 발달하여 영상 통화, SNS 메시지 등이 보편화되어 있어요. 그래서 멀리 떨어져 있어도 얼마든지 얼굴을 보며 이야기하거나 서로의 안부를 물을 수 있답니다.

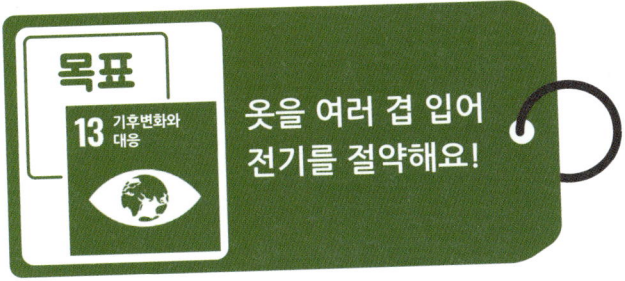

목표 13 기후변화와 대응

옷을 여러 겹 입어 전기를 절약해요!

춥다고 난방기를 켜서 온도를 계속 올리면 전기가 많이 소모돼요. 하지만 추위는 옷차림으로 어느 정도 해결할 수 있어요. 그러니 추울 때는 난방기부터 틀지 말고 옷을 여러 겹 껴입어 보세요. 이렇게 하면 몸도 따뜻해지고 전기도 절약할 수 있으니 일석이조지요. 또한 기후변화와 대응 목표에 한 걸음 가까워질 수 있답니다.

목표 7 에너지의 친환경적 생산과 소비

사용하지 않는 전등은 꺼요.

대부분의 전기 에너지는 석탄, 석유 같은 화석 연료를 태워 만들어요. 하지만 화석 연료를 태우면 지구 온난화의 원인인 온실가스가 많이 나오지요. 그러니 사용하지 않는 전등은 꼭 끄도록 해요. 이 작은 행동이 온실가스 발생을 줄이고 에너지의 친환경적인 생산과 소비를 실천하는 것이랍니다.

목표 3 건강하고 행복한 삶 보장

핸드폰과 태블릿 PC는 시간을 정해서 사용해요.

매일 오랜 시간 동안 핸드폰과 컴퓨터를 사용하면 뇌에 나쁜 영향을 주어요. 그러니 부모님과 상의해서 하루 사용 시간을 정하고, 정해진 시간이 지나면 전원을 끄도록 해요. 정보를 검색할 일이 있으면 책이나 신문 등을 펼쳐 보는 것도 좋은 방법이에요. 이렇게 핸드폰 사용 시간을 정해 두면 뇌를 건강하게 지킬 수 있고 건강하고 행복한 삶에 보다 더 가까워질 수 있답니다.

핸드폰 사용 규칙 정하기

핸드폰은 중독성이 강해서 한번 빠지면 헤어나오기 어려워요. 습관적으로 핸드폰을 사용하는 건 아닌지 스스로 돌아보고, '하루 사용 시간은 하루 30분'처럼 규칙을 정하면 많은 도움이 될 거예요. 그리고 앱을 다운로드할 때 비용이 발생할 수 있으니 부모님에게 꼭 물어보도록 해요.

SDGs 더 알아보기
15 육상생태계 보전

펫숍에 있는 동물들은 행복할까요?

생명을 사고팔아도 될까요?

캐나다, 독일 등에는 펫숍이 없어요. 펫숍에서 동물을 잘 돌보지 않는 데다, 사람들도 펫숍에서 동물을 손쉽게 살 수 있다 보니 함부로 버리는 경우가 많았거든요. 무엇보다 엄연한 생명을 물건처럼 진열해 놓고 사고파는 행위가 옳지 않다고 보았지요. 반려동물을 돈벌이 수단으로만 볼 게 아니라, 사람과 똑같이 감정을 느끼는 소중한 생명으로 대해 주세요.

동물의 권리를 보호하려는 움직임

돌고래쇼 금지
인도, 프랑스에서는 돌고래쇼가 금지예요. 돌고래가 쇼 기술을 배울 때 스트레스를 많이 받는데, 이를 동물 학대로 보고 동물의 복지를 보호하기 위해 금지법을 만들었지요.

투우에 대한 다른 생각
스페인의 전통 오락 '투우'는 잔인한 동물 학대라는 의견이 더 많아요. 하지만 스페인을 대표하는 문화인 만큼 계속 유지해야 한다고 주장하는 사람도 꽤 있어요.

대중교통을 타는 반려동물
영국에서는 반려동물도 주인과 함께 전철이나 버스를 탈 수 있어요. 사람과 마찬가지로 반려동물의 권리와 행복도 보장해 줘야 한다는 인식이 널리 퍼져 있답니다.

함께 이야기해요!
- 반려동물이 행복하려면 어떤 환경을 만들어 주어야 할지 생각해 보아요.
- 펫숍의 문제점에 대해 친구들과 의견을 나누어 보아요.

대청소하는 날

SDGs 힌트 찾기

힌트: 세제가 없어서 창문을 깨끗이 닦을 수 없어요.

힌트: 쓰레기를 분리하지 않아 뒤죽박죽 섞여 있어요.

오늘은 온 가족이 대청소를 하는 날이에요. 청소를 할 때도 조금만 시선을 돌리면 SDGs를 위해 할 수 있는 일이 많답니다. 함께 찾아볼까요?

힌트 식물에서 새싹이 나왔어요.

힌트 거품을 헹구느라 설거지 시간이 오래 걸려요.

힌트 청소기가 너무 무거워요. 더 좋은 방법이 없을까요?

목표 14 해양생태계 보전

세제 대신 다른 재료를 사용해 청소해요.

세제가 없어도 주변에서 쉽게 구할 수 있는 재료로 얼마든지 깨끗이 청소할 수 있어요. 예를 들면 신문지, 먹고 남은 귤껍질, 달걀 껍데기 등이 있지요. 사실 세제 안에는 화학 물질인 '계면 활성제'가 들어 있는데, 생태계를 파괴하고 바다를 오염시키는 주요 원인 중 하나예요. 그러니 되도록이면 세제를 사용하지 않는 것이 해양생태계 보전에 도움이 되겠지요?

신문지
물에 적신 신문지로 창문을 닦으면 먼지를 흡수해서 창문이 반짝반짝 깨끗해져요.

귤껍질
귤껍질로 수도꼭지를 닦으면 반짝반짝 윤이 나요! 귤껍질에 들어 있는 구연산 성분이 때를 없애 주어요.

달걀 껍데기
물통에 잘게 부순 달걀 껍데기와 뜨거운 물을 넣고 흔들면 물통 안의 때가 감쪽같이 사라져요. 달걀 껍데기는 찻주전자나 찻잔의 물때를 없애는 데에도 효과가 있어요. 껍데기의 주성분인 탄산칼슘이 산화칼슘으로 변해서 식기에 붙은 물때를 제거해 준답니다.

쌀뜨물
쌀뜨물로 마룻바닥을 닦으면 깨끗해져요. 쌀겨의 지방 성분이 마룻바닥을 윤기 나게 만들어 주지요.

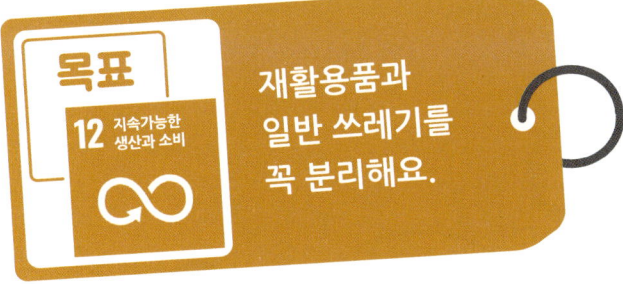

목표 12 지속가능한 생산과 소비

재활용품과 일반 쓰레기를 꼭 분리해요.

날짜가 지난 신문은 재생지로, 페트병은 옷을 만드는 재료로 재활용돼요. 이처럼 쓸모없는 것처럼 보여도 다시 사용할 수 있는 물건들이 아주 많답니다. 그러니 물건을 쓰레기통에 버리기 전에 재활용할 수 있는지 먼저 확인하는 습관을 기르면 좋겠어요. 그런 다음 분리 수거를 철저히 하여 **지속가능한 생산과 소비**를 실천하도록 해요.

재활용품을 정확히 분리해요!

목표 15 육상생태계 보전

식물을 소중히 여기고 정성껏 가꾸어요.

사람들이 나무를 너무 많이 베어서 숲이 점점 줄어들고 있어요. 생물의 보금자리인 숲이 사라지면 자연 생태계는 무너지고 말아요. 식물과 숲은 그만큼 우리 삶에 매우 중요해요. 그러니 새싹 한 잎, 풀 한 포기라도 소중히 여기고 정성껏 가꾸는 태도를 길러 보아요. 이러한 작은 행동들이 **육상 생태계 보전**을 실천하는 밑바탕이 된답니다.

목표 6 건강하고 안전한 물관리

설거지를 할 때 세제는 적당량을 사용해요.

설거지를 할 때 세제를 필요한 양보다 더 많이 쓰면 거품이 많이 나와 헹굴 때 물을 많이 사용하게 돼요. 주방세제 겉면에 표시된 세제 사용량을 보면, 대개는 '딱 한 방울'의 양만으로도 충분하다고 적혀 있어요. 세제를 적게 사용하면 물이 낭비되는 것을 자연스레 막을 수 있지요. 우리 모두 물을 소중히 여기고 아껴서 건강하고 안전한 물관리를 실천해 보아요.

한 방울이면 충분해요!

목표 9 산업의 성장과 혁신 활성화 및 사회기반시설 구축

나만의 독창적인 아이디어를 잘 적어 두어요.

누구나 한 번쯤은 '이런 게 있다면 훨씬 편리할 텐데.'라고 생각한 적이 있을 거예요. 조금 엉뚱하더라도 창의적인 아이디어들은 산업의 성장과 혁신을 가져다주는 동력이 된답니다. 그러니 반짝이는 아이디어가 떠오르면 잘 적어 두었다가 가족들과 편하게 이야기해 보아요. 가족의 조언이 더해지면 더 근사한 아이디어로 발전할지도 모르니까요.

아직 어린아이인데 왜 공부 대신 일을 하나요?

살기 위해 일하는 아이들

전 세계의 5~17세 어린이들 가운데, 무려 1억 6천만 명이 일을 해요. 아이들이 학교에서 공부하는 대신 일하는 이유는 무엇일까요? 바로 가난하기 때문이에요. 먹고살기 위해 일을 하는 거지요. 그래서 자신의 능력에 부치는 일을 하다가 건강을 잃는 경우도 많아요. 이런 아이들은 일하는 보람을 느끼기 어려울 거예요. 또한 아이들의 노동은 국가의 경제 성장에도 결코 도움이 되지 않는답니다.

노동이 아이에게 미치는 나쁜 영향

위험에 노출된 아이들
금속, 유리 등을 이어 붙이는 용접기는 어린이가 만지기에 매우 위험해요. 사방으로 튀는 불꽃 때문에 시력이 나빠지는 경우도 많아요.

성장을 막는 중노동
채 자라지 않은 아이들이 무거운 짐을 계속 들면 몸에 무리가 가요. 그래서 심하면 등과 다리가 휘어서 장애가 생기는 경우도 있어요.

목숨을 걸고 일하는 아이들
어른보다 몸집이 작은 어린이는 좁은 광산 같은 곳에서 많이 일해요. 아직 어린 아이들에게 너무 가혹한 환경이에요.

함께 이야기해요! 아프리카의 농장에서는 어른보다 인건비가 싼 어린이를 많이 고용해요. 윤리적으로 과연 옳은 일인지, 법적으로 문제는 없는지 생각해 보아요.

목욕 시간

SDGs 힌트 찾기

힌트: 욕조 물이 너무 뜨거워서 곧바로 나왔어요.

힌트: 물을 틀어 놓고 머리를 감아요.

뽀송뽀송 깨끗이 목욕하는 시간에도 SDGs를 많이 발견할 수 있어요. 힌트를 하나씩 짚어 보면서 우리가 해야 할 행동, 하지 말아야 할 행동을 생각해 보세요.

목표

3 건강하고 행복한 삶 보장

미지근한 물에 온몸을 담그는 전신욕을 해요.

전신욕은 몸과 마음의 건강을 지키는 데 많은 도움이 돼요. 이때 물의 온도가 너무 뜨거운 것보다는 미지근한 게 좋아요. 물이 뜨겁다고 욕조에서 바로 나와 버리면 물이 너무 아까우니까요. 무엇보다 적당히 따듯한 물속에서 10~15분 정도 몸을 담그면 피로가 더 잘 풀린답니다. 또한 피부 표면과 모공 속의 노폐물도 제거된다고 해요. 이렇게 효능이 많은 전신욕을 자주 하여 **건강하고 행복한 삶**을 꾸려 보아요.

피곤이 풀리면 몸도 마음도 상쾌해요!

따뜻한 물에서 목욕한 뒤 몸을 천천히 식히면 잠을 푹 잘 수 있어요.

목욕물 재사용하기

욕조에 받은 물을 그대로 버리면 너무 아까워요. 다 쓴 목욕물을 물뿌리개에 담아 두었다가 화분에 물을 주거나 실내화를 빨 때 재사용하면 좋아요.

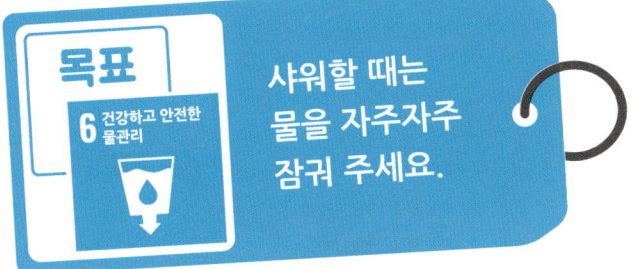

물을 틀어 놓은 채 샤워를 하면 물이 얼마나 낭비되는지 알고 있나요? 샤워기를 1분 동안 틀면 12리터, 즉 2리터 짜리 페트병 여섯 개에 해당하는 물을 그대로 흘려 보내는 거예요. 그러니 몸을 헹굴 때만 샤워기를 틀도록 해요. 샤워기를 자주자주 잠그는 것은 건강하고 안전한 물관리의 기본이랍니다.

머리를 감거나 몸에 비누칠을 할 때는 샤워기를 꼭 잠가요.

머리 감을 때 물 아끼는 법

머리를 감기 위해 머리카락을 물에 적실 때, 샤워기를 곧장 틀지 말고 세면기에 물을 받아서 해 보세요. 세면기에 담긴 적은 양의 물로도 머리카락을 충분히 적실 수 있답니다. 그리고 샴푸 거품을 헹구기 전에 거품을 한 번 훑어 낸 뒤 헹구면 물의 낭비를 막을 수 있어요.

세면기에 물을 받아서 머리카락을 담그면 적은 양으로 적실 수 있어요.

샴푸 거품을 최대한 훑어 낸 뒤 헹구면 물을 아낄 수 있어요.

샴푸 용기는 가능한 계속 사용해요.

목표 12 지속가능한 생산과 소비

샴푸나 린스를 다 쓰고 나면 용기를 쓰레기통에 버리나요? 혹시 그랬다면 이제부터는 리필 제품을 사서 용기를 재사용하도록 해요. 환경을 오염시키는 플라스틱 쓰레기를 조금이라도 줄이는 데 동참해 주세요. 이렇게 용기를 재사용하는 것도 지속가능한 생산과 소비를 실천하는 행동이랍니다.

헤어드라이어로 머리를 말리기 전에 수건으로 충분히 닦아요.

목표 7 에너지의 친환경적 생산과 소비

헤어드라이어는 전기제품 중에서도 전력이 많이 소모되니, 가능한 짧게 사용하는 것이 좋아요. 그러려면 수건으로 머리칼의 물기를 충분히 털어야겠지요? 헤어드라이어를 덜 사용하여 조금이라도 전기를 아껴 보아요. 이러한 작은 노력이 에너지의 친환경적 생산과 소비 목표를 달성하는 데 큰 도움이 돼요.

인프라가 없는 생활은 어떨까요?

삶의 질을 좌우하는 인프라

인프라는 사회 공공 기반 시설을 뜻하는 영어 단어 'infrastructure'를 줄인 말이에요. 포장도로, 수도와 전기 시설, 화장실, 인터넷 회선 등 생활에 필요한 각종 시설이나 설비를 말하지요. 그런데 세계 곳곳에는 아직도 인프라가 제대로 갖추어지지 않아 힘들고 불편하게 사는 사람들이 많아요.

교통 인프라는 산업 발전의 열쇠

교통 인프라는 생활을 편리하게 해 주고 지역의 산업도 활성화시켜요. 예를 들면 농촌에서 농산물을 아무리 많이 생산해도 도로가 없으면 운반할 수 없고 당연히 판매도 할 수 없어요. 즉, 생산자는 돈을 벌 수 없지요. 그만큼 교통 인프라는 산업 발전에 매우 중요해요.

함께 이야기해요!

우리가 당연하게 이용하는 도로, 전기, 수도, 가스, 인터넷 같은 인프라가 없다면 우리 생활은 어떤 모습일까요?

SDGs 힌트 찾기

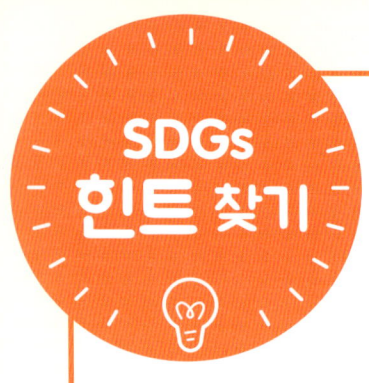

등교 시간

정신없이 바쁜 등교 시간에도 집에서 할 수 있는 SDGs가 많아요.
눈을 크게 뜨고 찾아보세요.

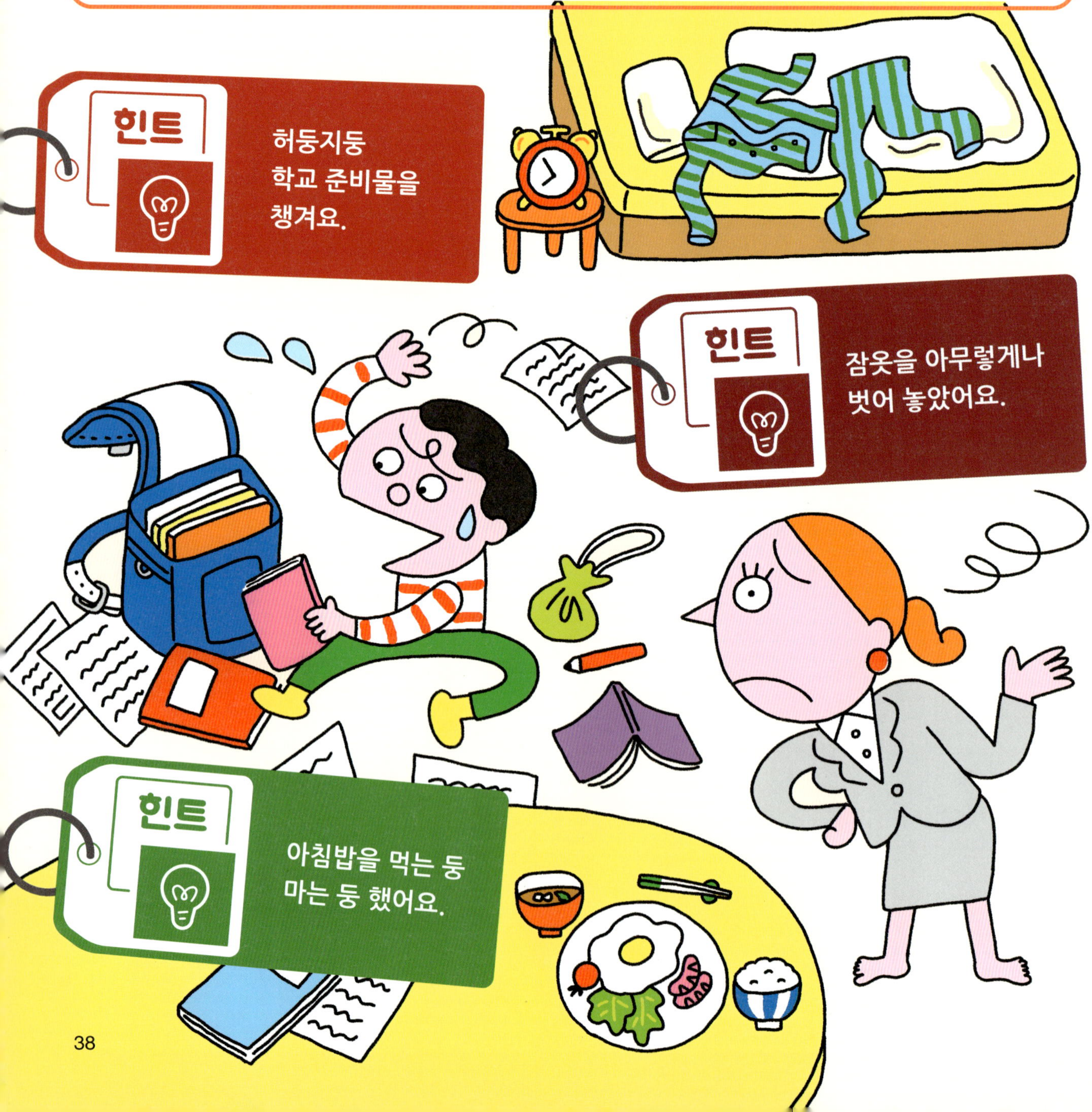

힌트

허둥지둥 학교 준비물을 챙겨요.

힌트

잠옷을 아무렇게나 벗어 놓았어요.

힌트

아침밥을 먹는 둥 마는 둥 했어요.

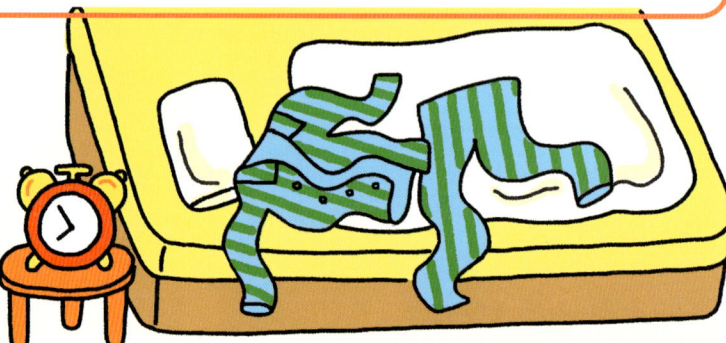

목표 4 모두를 위한 양질의 교육

등교 준비는 전날 밤에 미리 해요.

바쁜 등교 시간에 가방을 싸면 준비물을 제대로 챙기기 어렵지요. 준비물을 빠뜨리기라도 한 날에는 수업에 집중하기 힘들고, 기분까지 우울해져서 친구와 즐겁게 놀지 못하기도 해요. 따라서 전날 밤에 미리 가방을 챙기는 게 좋아요. 등교 준비를 미리 끝내서 학교생활이 여유롭고 즐겁다면 그것이 바로 **모두를 위한 양질의 교육** 목표를 달성하는 것이랍니다.

✗ 아침에 부랴부랴 서두르면 준비물을 빠뜨리기 쉬워요.

○ 전날 밤에 등교 준비를 미리 하면 다음날 마음이 훨씬 여유로워요.

자투리 시간 활용하기

좋아하는 텔레비전 프로그램이 시작하기 전이나 저녁밥을 먹기 전에 '자투리 시간'이 있을 거예요. 이때 가방을 챙기거나 금방 끝낼 수 있는 숙제를 하면 시간을 낭비하지 않고 알차게 쓸 수 있어요.

목표 8 좋은 일자리 확대와 경제 성장

나의 일은 혼자 힘으로 스스로 해요.

옷을 아무 데나 벗어 두고, 이불 정리는 전혀 하지 않고, 무슨 일이든 부모님이 다 해 주는 걸 당연하게 여기나요? 하지만 그건 몹시 부끄러운 행동이에요. 여러분은 방 청소, 물건 정리 등을 혼자서 얼마든지 할 수 있는 나이랍니다. 이처럼 내 일을 스스로 해내면 부모님에게 여유 시간이 생겨 회사 일을 더 열심히 할 수 있는 에너지가 생겨요. 엄마, 아빠를 위한 이 작은 배려가 **좋은 일자리 확대와 경제 성장**을 실현하는 데 보탬이 된답니다.

일어난다 → 세수를 한다 → 옷을 갈아입는다 → 밥을 먹는다 → 이를 닦는다 → 등교한다

계획적으로 생활하기

'계획'은 일이 매끄럽게 잘 진행되도록 미리 순서를 짜는 것을 말해요. 내가 해야 할 일의 우선순위를 정하고 메모하는 습관을 길러 보세요. 계획은 나의 하루를 소중하게 만들어 주는 가장 좋은 방법이랍니다.

음식을 먹으면 몸이 따뜻해지고 손발의 움직임 같은 신체 기능이 활발해져요. 당연히 머리에도 영양이 전달되어 뇌가 일을 하기 시작하지요. 즉, 아침밥을 먹는 것은 우리 몸을 작동시키는 스위치를 켜는 것과 같아요. 그러니까 밥을 먹으면 밥을 먹지 않을 때보다 훨씬 활기차게 하루를 시작할 수 있지요. 이렇게 아침밥을 제대로 챙겨 먹음으로써 **건강하고 행복한 삶**에 한 발짝 다가갈 수 있답니다.

규칙적인 배변 습관

하루 세 끼 밥을 제대로 먹으면 장 운동이 활발해져서 변이 쉽게 나와요. 자연스레 몸도 가벼워져서 기분도 상쾌해지지요! 규칙적인 배변 습관은 건강한 몸을 만드는 데 아주 중요하답니다.

누구나 깨끗한 화장실을 쓰는 것은 아니에요

깨끗한 화장실이 절실한 사람들

전 세계 인구의 절반에 가까운, 약 36억 명의 사람들이 비위생적인 화장실을 사용하고 있어요. 그중 약 5억 명은 길이나 풀숲 등 실외에서 용변을 본다고 해요. 그러다 보니 병균에 감염되기 쉽고 심하면 목숨을 잃기도 해요. 전 세계 모든 사람들의 건강한 삶을 위해서 깨끗한 수세식 화장실이 마련되면 좋겠어요. 우리가 도움을 줄 수 있는 일이 있을지 한번 생각해 보아요.

화장실과 건강의 상관관계

식수의 오염
실외에서 용변을 보면 강물이 오염돼요. 그런데 상하수도 시설이 없는 지역에서는 이 오염된 물을 그대로 마실 수밖에 없어요.

→

전염병의 원인
식수에는 원래 균이 많이 들어 있어요. 그런데 물이 오염되면 목숨을 앗아 가는 위험한 병원균이 급격히 늘어나 전염병의 원인이 돼요.

→

목숨을 잃는 아이들
병원균이 들어 있는 물을 마시면, 복통과 설사를 일으켜요. 특히 면역력이 약한 아이들은 설사로 인해 안타깝게 죽는 경우도 많아요.

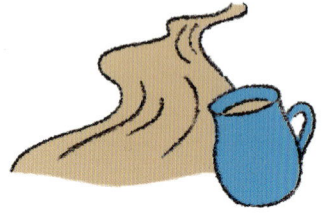  

함께 이야기해요! 오늘날 우리는 대부분 수세식 화장실을 쓰지만, 몇십 년 전만 해도 화장실이 깨끗하지 않았어요. 자료를 찾아 읽어 보고, 우리가 누리는 보건 시설의 편리함에 대해 의견을 나누어요.

SDGs 힌트 찾기

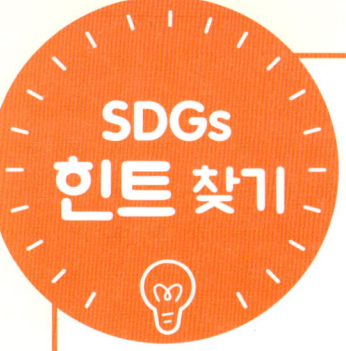

친구 집에 놀러 간 날

친구 집에서 즐겁게 노는 동안에도 우리가 할 수 있는 SGDs가 있답니다. 과연 무엇일지 힌트를 보고 추측해 보아요.

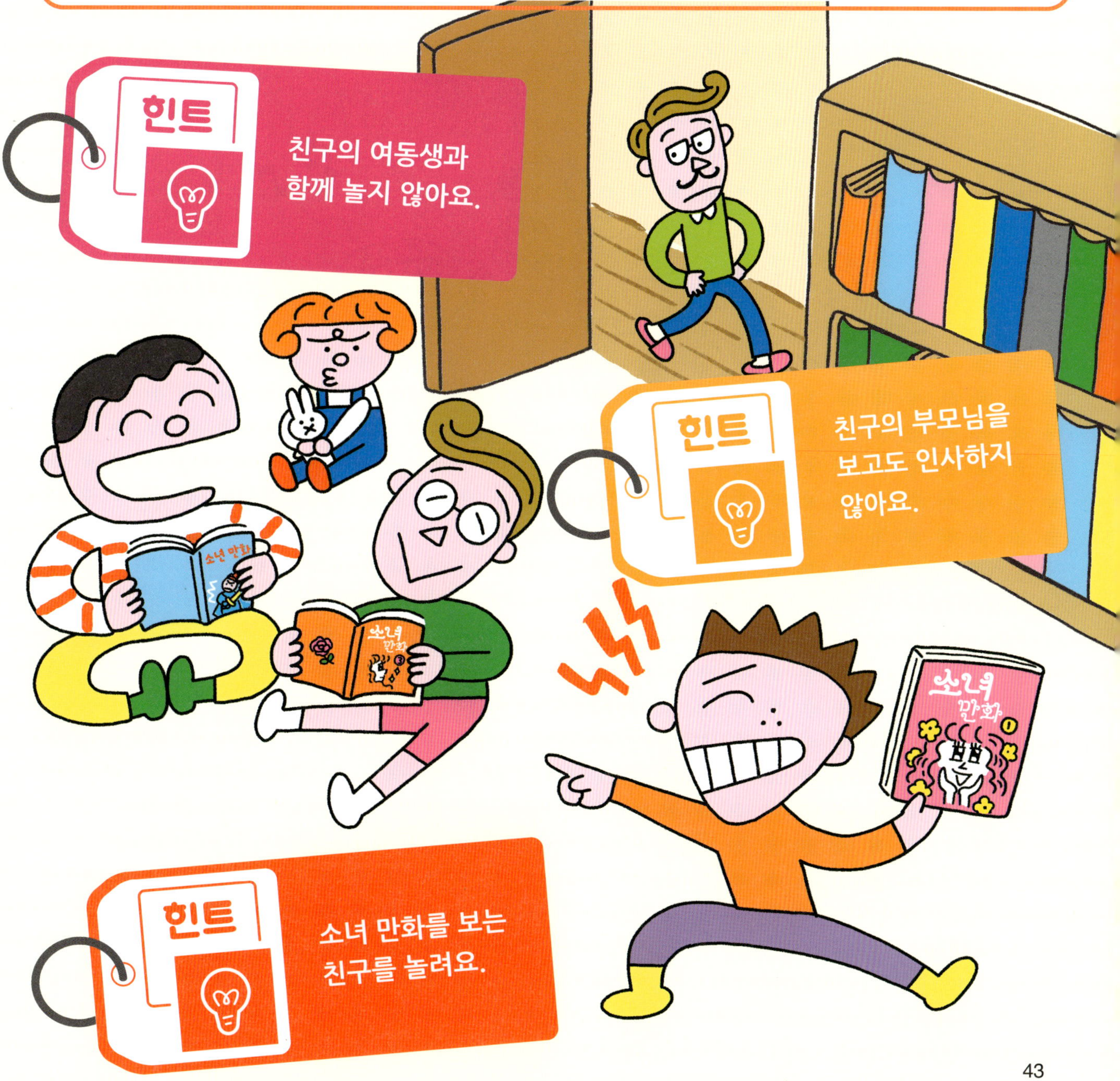

힌트 친구의 여동생과 함께 놀지 않아요.

힌트 친구의 부모님을 보고도 인사하지 않아요.

힌트 소녀 만화를 보는 친구를 놀려요.

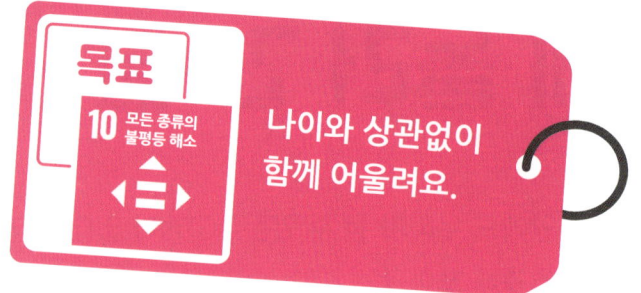

목표 10 모든 종류의 불평등 해소

나이와 상관없이 함께 어울려요.

안타깝게도 불평등은 우리 일상에서 아주 흔하게 볼 수 있어요. 성별이 달라서, 나이 차이가 많이 나서, 사는 지역이 달라서 멀리하거나 편견을 가지는 경우가 생각보다 많답니다. 하지만 이는 옳지 않아요. 다 함께 즐겁게 어울릴 수 있는 방법이나 놀이가 무엇일지 생각해 보세요. 이러한 마음가짐과 태도는 **모든 종류의 불평등을 해소**하는 작은 씨앗이 될 거예요.

'가위바위보 신문지 놀이'는 나이, 성별에 관계없이 모두가 함께 즐길 수 있어요. 크기가 똑같은 신문지를 인원수만큼 준비한 뒤 각자 신문지 위에 서서 가위바위보를 해요. 지는 사람이 자신의 신문지를 반으로 접고, 그 위에 서서 다시 가위바위보를 하는 거예요. 신문지가 너무 작아져서 제대로 서 있지 못하고 넘어지면 지는 놀이예요.

모두가 즐길 수 있는 활동

나보다 나이가 많거나 적은 사람들과 어울릴 때 할 수 있는 알맞은 활동을 미리 찾아 두는 건 어때요? 예를 들어 종이 공작, 카드 놀이, 보드 게임 등은 나이에 상관없이 누구나 즐길 수 있답니다.

친구 집에 놀러 가면 친구의 가족에게 꼭 인사하도록 해요. 인사는 기본적인 매너일 뿐만 아니라, 얼굴을 익히고 서로를 알아 가는 좋은 기회이기도 하지요. 이렇게 이웃 사람들과 교류하는 것은 지속가능한 도시와 주거지를 만드는 첫걸음이에요. 인사를 함으로써 사람과 사람 사이에 관계가 생기고, 이를 통해 유대 관계를 맺은 사람들과 더불어 살아가는 안전한 마을이 만들어지는 거예요.

친구의 부모님은 여러분이 의지할 수 있는 가까운 어른이에요.

곤란한 일이 생겼을 때 많은 도움을 받을 수도 있어요.

친구 집에서 지켜야 할 매너

친구 집에 들어갈 때 신발을 벗으면 가지런히 정리해요. 화장실에 가고 싶을 때도 화장실을 써도 되는지 먼저 물어보는 게 예의예요. 내가 매너 있게 행동하면 친구 가족도 나를 반갑게 맞아 줄 거예요. 그럼 나도 기분이 좋아지겠지요?

목표 5 성평등 보장

남자와 여자를 구분하거나 한계를 정하지 않아요.

우리는 보통 남자는 로봇이나 전쟁 이야기를, 여자는 사랑 이야기를 좋아할 거라는 편견을 가지고 있어요. 이러한 편견은 아주 긴 시간에 걸쳐 만들어진 것이라 정확히 이유를 설명하기는 어려워요. 이처럼 사회에서 만들어진 남성다움, 여성다움의 이미지를 '젠더'라고 해요. 하지만 우리는 젠더 개념에 얽매일 필요가 없어요. 누구나 자신이 좋아하는 것을 마음껏 표현하고 즐길 권리가 있기 때문이에요. 젠더에 대한 잘못된 인식을 버리는 것, 이것이 바로 **성평등**을 실현하는 첫걸음이랍니다.

내 안의 편견 버리기

여자는 분홍색, 남자는 파란색을 좋아할 거라고 생각하는 것도 '젠더'가 만든 선입견이에요. 우리는 저마다 좋아하는 색, 어울리는 색이 다 달라요. 그런데 성별 때문에 진짜로 원하는 색을 선택하지 못한다면 정말 슬플 거예요. 그러니까 남자아이가 분홍색 옷을 좋아하고 즐겨 입는다고 놀리면 안 돼요.

폭력에 시달리는 아이들을 지켜 주세요!

절대 용납할 수 없는 폭력

전 세계의 2~17세 어린이 중 약 10억 명이 폭력을 당하고 있다고 해요. 이는 어린이 인구만 놓고 보면 2명 중 1명이 폭력으로 고통받고 있다는 뜻이에요. 폭력으로는 어떤 것도 해결할 수 없어요. 또 폭력을 당하는 사람은 몸과 마음에 평생 씻을 수 없는 상처가 남지요. 그 어떤 경우라도 폭력은 절대 용납될 수 없다는 사실, 잊지 말아요.

끊임없이 욕설을 퍼붓고 심한 말을 하는 것도 일종의 폭력이에요.

체벌이 꼭 필요한가요?

예전보다는 많이 나아졌지만, 지금도 꽤 많은 어른들이 아이를 키울 때 체벌이 필요하다고 생각해요. 하지만 체벌이 아이들을 더 훌륭하게 만들어 준다는 데이터는 어디에도 없어요. 만약 주변에 폭력을 일삼는 어른이 있다면, 경찰에 신고하거나 폭력을 멈출 수 있도록 주변 사람들이 도와주어야 해요. 피를 나눈 가족이라 해도 폭력은 절대 안 돼요.

함께 이야기해요!

만약 여러분이 폭력을 당한다면 어떤 기분이 들까요? 이럴 땐 주변 어른에게 어떻게 도움을 청하면 될지 이야기해 보아요.

내가 사는 동네를 천천히 걷다 보면 SDGs를 꽤 많이 발견할 수 있어요.
힌트를 보면서 내가 할 수 있는 행동을 생각해 보아요.

힌트 마을버스를 타려고 줄을 서서 기다려요.

힌트 아주 오래전에 지어진 건물이 남아 있어요.

힌트 사람들이 바쁘게 일해요.

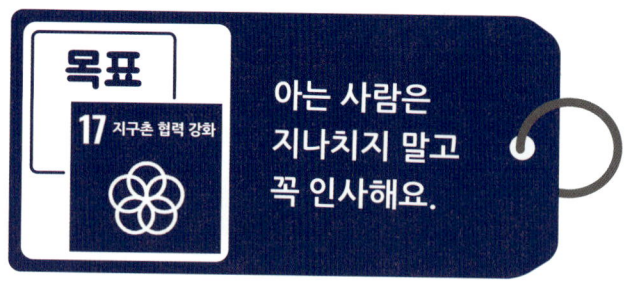

목표 17 지구촌 협력 강화

아는 사람은 지나치지 말고 꼭 인사해요.

인사는 사회생활의 기본이에요. 동네에서 이웃이나 아는 사람을 만나면 반드시 인사하도록 해요. 그리고 인사를 나누다 보면 상대방에게 생긴 어려운 일을 어렴풋이 알게 되기도 하지요. 이때 내가 상대방을 도와줄 일은 없는지 물어보고 걱정해 주는 관계로 발전할 수 있어요. 우리는 절대 혼자 살 수 없어요. 서로 도움을 주고받으며 살아가지요. 내 주변의 사람들을 염려하고 살피는 것은 **지구촌 협력 강화**를 실천하는 일이랍니다.

동네 행사 참여하기

동네나 지역마다 다양한 행사가 많이 열려요. 학교에서는 나와 비슷한 또래의 친구들만 사귈 수 있지만, 동네 행사에 참여하면 다양한 연령대의 사람들을 만날 수 있답니다.

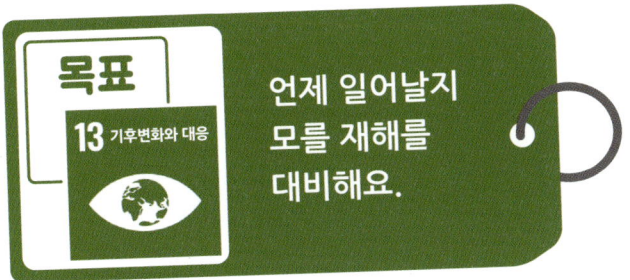

목표 13 기후변화와 대응
언제 일어날지 모를 재해를 대비해요.

강가를 지나다 보면 비가 많이 올 때 물이 불어나는 것을 조심하라는 주의 표지판을 볼 수 있어요. 현재 전 세계는 환경 오염과 온난화로 인해 '기후변화'라는 큰 문제를 안고 있어요. 예전보다 폭우, 폭설, 폭염, 태풍 같은 자연재해가 빈번히 일어나고 있지요. 따라서 평소에 재해 대비를 잘해 두는 것이 매우 중요해요. 예를 들면, 보통 동네마다 재해가 일어났을 때 피할 수 있는 피난 장소가 있어요. 이 장소를 잘 기억해 두거나 '긴급 대피 경로' 같은 안내서를 챙겨 놓으면 좋겠지요. 이러한 작은 행동들이 **기후변화와 대응** 목표를 이루는 데 도움이 된답니다.

목표 9 산업의 성장과 혁신 활성화 및 사회기반시설 구축
동네의 인프라를 적극 이용해요.

푸른 수족관행 마을 버스

버스로 가자!

내가 사는 지역의 시설과 설비(인프라)를 이용하는 것은 **산업의 성장과 혁신 활성화**를 이루는 데 중요한 밑바탕이 돼요. 예를 들어, 동네를 구석구석 잇는 마을버스는 지역 단체에서 운영하는 경우가 많아요. 사람들이 마을버스를 이용하고 낸 요금은 전부 지역의 수입으로 잡히지요. 이렇게 동네 안에서 경제 활동이 활발히 이루어져 돈이 많이 움직이면 지역 산업도 같이 성장하게 된답니다.

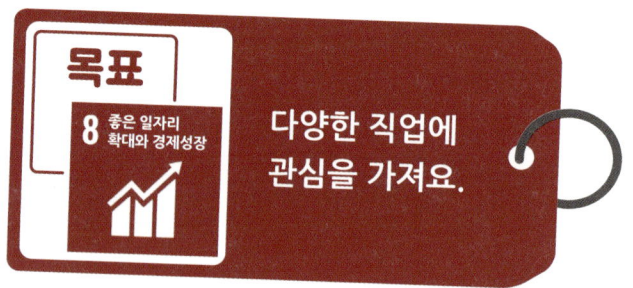

목표 8 좋은 일자리 확대와 경제성장
다양한 직업에 관심을 가져요.

동네를 걷다 보면 사람들의 안전을 지키는 경찰, 가게에서 식품이나 물건을 파는 상인, 물건을 배달하는 택배 기사 등 다양한 직업을 가진 사람들을 볼 수 있어요. 이를 통해 세상에는 정말 다양한 직업이 있다는 것을 알 수 있어요. 어릴 때부터 동네 모습을 잘 관찰해 미래에 어떤 일을 하고 싶은지 생각해 보세요. 이는 **좋은 일자리 확대와 경제성장**의 중요한 토대가 돼요. 보람 있는 일을 찾아 직업으로 삼는 것은 자신의 인생을 풍요롭게 할 뿐 아니라 경제도 성장시킨답니다.

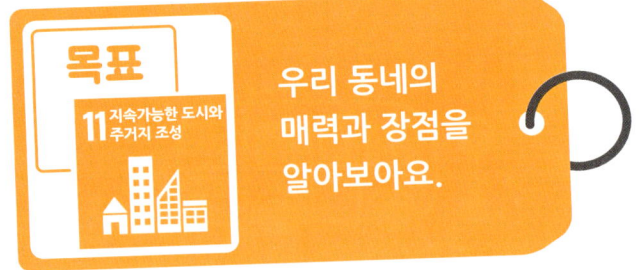

목표 11 지속가능한 도시와 주거지 조성
우리 동네의 매력과 장점을 알아보아요.

내가 사는 동네에 역사적인 유적이나 장소가 있나요? 전국적으로 유명한 음식이나 특산품은요? 또는 아름답고 멋진 경치가 있나요? 아마 각 지역마다 널리 자랑하고픈 점이 분명히 하나씩은 있을 거예요. 우리 동네의 장점과 매력을 소중하게 여기고 자부심을 갖는 것은 **지속가능한 도시와 주거지**를 만드는 데 큰 힘이 된답니다. 주민 한 사람, 한 사람이 진심으로 동네를 사랑하면 동네 분위기도 훨씬 좋아지고 즐겁게 생활할 수 있어요.

탄소 줄이기 캠페인에 동참해요!

탄소도 줄이고, 선물도 받고!

전 세계 어느 나라나 이산화탄소의 배출을 줄이는 것이 큰 숙제예요. 그래서 이산화탄소를 줄이기 위해 여러 가지 방안을 짜고 다양한 캠페인을 벌이고 있지요. 예를 들어, 핀란드의 라하티에서는 핸드폰에 앱을 깔아 각자 이용하는 교통수단과 탄소 배출량을 기록해요. 탄소를 많이 내뿜는 자동차를 덜 타는 사람에게는 버스 승차권이나 식품 교환권 등을 선물로 준답니다.

핀란드 라하티

탄소 배출을 줄이기 위한 노력

자전거 전용 도로 설치
덴마크 코펜하겐에는 약 350킬로미터나 되는 자전거 전용 도로가 있어요. 이 도로 덕분에 많은 시민들이 자동차 대신 자전거를 즐겨 타요.

포장재가 없는 슈퍼마켓
독일 베를린에서는 포장재 없이 물건만 판매하는 슈퍼마켓이 인기가 많아요. 손님이 용기나 봉투를 직접 가져와 딱 원하는 만큼만 물건을 담아 사 가요. 독일에서는 이렇게 포장재 없이 물건을 판매하는 가게를 쉽게 볼 수 있어요.

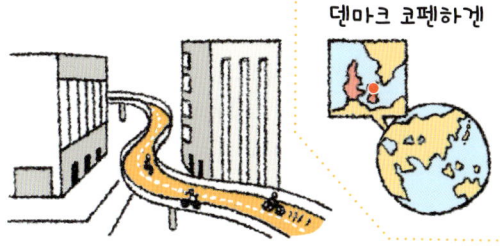

덴마크 코펜하겐

독일 베를린

함께 이야기해요! 우리나라도 탄소를 적게 배출하기 위해 각 지역마다 많은 아이디어를 내고 있어요. 대표적인 사례를 찾아 이야기해 보아요.

마트에서 물건을 살 때도 SDGs를 많이 볼 수 있어요. 아래 그림의 힌트를 보면서 내가 해야 할 행동과 달성할 수 있는 목표에 대해 생각해 보아요.

목표
7 에너지의 친환경적 생산과 소비

장바구니를 사용해 플라스틱 쓰레기를 줄여요.

우리가 즐겨 쓰는 비닐봉지는 플라스틱 종류 중 하나예요. 튼튼하고 여러 가지 모양으로 만들기 쉬워서 다양한 상품을 생산하는 데 많이 쓰이지요. 그러나 이렇게 편리한 플라스틱을 만들려면 석유가 꼭 필요해요. 즉, 플라스틱 생산 과정에서 석유를 태울 때 온난화를 부추기는 이산화탄소가 엄청 배출되지요. 그러니 비닐봉지보다는 장바구니를 적극 사용해 에너지의 친환경적 생산과 소비에 힘을 보태면 좋겠어요.

쓰레기로 버려진 비닐봉지를 태우면 온난화의 주된 원인인 이산화탄소가 배출돼요. 또 강을 따라 바다로 흘러 들어간 비닐봉지는 바다 생물의 목숨을 위협하기도 해요.

마트에 갈 때는 장바구니를 꼭 챙겨요.

플라스틱 용품 줄이기

우리가 무심코 쓰고 버리는 플라스틱 용품은 엄청난 쓰레기가 되어 지구를 위협하고 있어요. 플라스틱 접시에 예쁘게 포장된 것보다는 비닐봉지에 든 식품이 그나마 낫긴 하지만, 비닐도 플라스틱이라는 사실을 꼭 기억하세요. 플라스틱 용품은 가능한 받지도, 쓰지도 않는 것이 가장 좋아요.

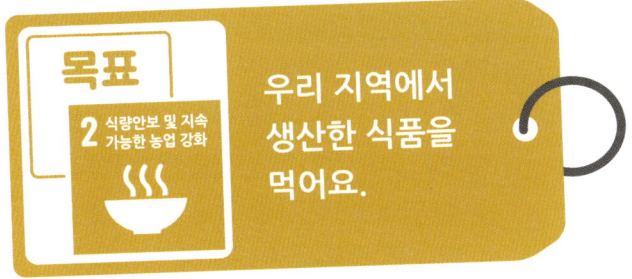

목표 2 식량안보 및 지속가능한 농업 강화
우리 지역에서 생산한 식품을 먹어요.

우리 지역에서 생산된 상품을 사는 것을 '지역 소비'라고 해요. 특히 식재료는 생산되자마자 곧장 살 수 있기 때문에 신선하고 맛도 좋지요. 또한 우리 지역의 생산자들에게 경제적으로 도움이 돼요. 그리고 상품을 운반하는 거리가 가깝기 때문에 비용이 적게 들고 에너지도 절약할 수 있어요. 무엇보다 우리 지역의 생산 경제가 끊기지 않고 계속 이어지지요. 이는 식재료 생산을 안정적으로 이어갈 수 있는 원동력이 되기 때문에 ==지속가능한 농업 강화== 목표를 이루는 데 많은 도움이 돼요.

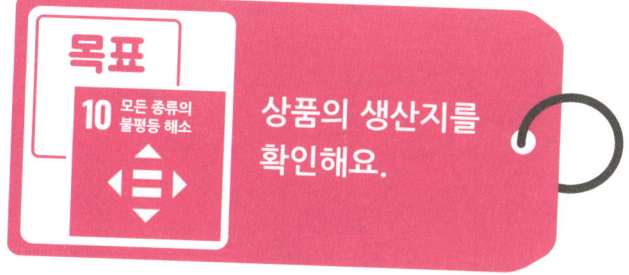

목표 10 모든 종류의 불평등 해소
상품의 생산지를 확인해요.

커피나 초콜릿 등 외국에서 수입하는 식품은 생각보다 가격이 저렴해요. 초콜릿의 원료인 카카오나 커피콩은 대부분 개발 도상국의 농원에서 생산되는데, 상품의 가격을 싸게 하려고 농원에서 일하는 사람들에게 매우 낮은 임금을 주기 때문이에요. 그러니 수입 상품의 가격이 너무 쌀 때는 이면에 숨겨진 이유를 생각해 보세요. ==모든 종류의 불평등 해소==에 필요한 작은 실마리가 떠오를지 모르니까요.

*개발 도상국: 경제와 산업 발전이 늦은 나라를 말해요. 전 세계 인구의 약 80퍼센트가 개발 도상국 국민이에요.

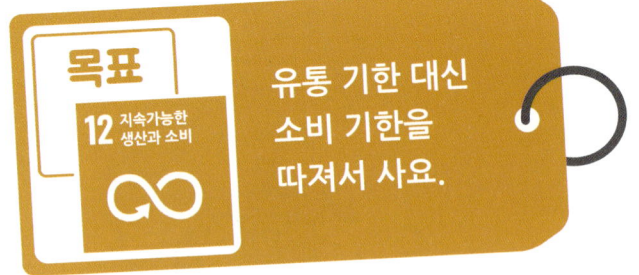

소비 기한은 안전하게 먹을 수 있는 기한이고, 유통 기한은 상품이 시장에 유통될 수 있는 기한이에요. 즉, 유통 기한이 지나도 소비 기한이 남았다면 충분히 먹을 수 있어요. 하지만 많은 사람들이 유통 기한을 중요하게 여겨서 되도록이면 기한이 많이 남은 상품을 고르지요. 그래서 유통 기한이 얼마 안 남았다는 이유로 버려지는 경우도 많아요. 이제부터는 유통 기한을 따지는 대신 언제 먹을 식품인지를 고려하여 구매하도록 해요. 이러한 구매 습관은 **지속가능한 생산과 소비**를 실천하는 밑거름이 된답니다.

*어떤 식품이든 봉지나 용기를 개봉하면 신선도가 떨어져요. 그러니 개봉했다면 가능한 빨리 먹는 것이 좋아요.

앞쪽에 진열된 물건 사기

유통 기한이 임박한 상품은 보통 진열대 앞쪽에 놓여 있어요. 그러니 사서 바로 먹을 계획이면 진열대 앞쪽의 상품부터 사요. 이 작은 행동이 지구의 환경을 살리는 데 큰 보탬이 될 거예요.

가난한 사람들을 살리는 공정 무역

개발 도상국의 눈물

개발 도상국이 가난에서 벗어나지 못하는 이유 중 하나는 선진국과 공정하지 않은 거래를 하는 일이 많기 때문이에요. 원료의 가치와 제품을 생산하는 데 들인 노력에 비해 턱없이 낮은 대가를 받으니 빈곤이 계속되는 거지요. 이러한 문제가 대두되자 개발 도상국이 정당한 대가를 받을 수 있는 '공정 무역'이 널리 퍼지고 있어요. 적정한 가격으로 거래하는지, 노동자들의 인권을 침해하지 않는지 등 선진국과 개발 도상국이 동등하게 무역할 수 있는 규칙들이 만들어지고 있답니다.

불공평한 거래의 문제점

생산자의 건강 악화
임금이 낮다 보니 돈을 더 벌기 위해 장시간 일하게 되고, 이는 결국 생산자의 건강 악화로 이어져요.

아동 노동 증가
가난한 아이들이 집안에 보탬이 되기 위해 학교에 가지 않고 낮은 임금을 받으며 일해요.

환경 파괴
생산성을 높이기 위해 농약을 많이 사용하다 보니, 환경 오염이 심각해요.

함께 이야기해요! 공정 무역으로 거래된 상품에는 '공정 무역 마크'가 붙어 있어요. 이 마크가 붙은 상품을 찾아보고, 공정 무역의 장점에 가려진 문제점은 없는지 알아보아요.

SDGs 힌트 찾기

대중교통 이용

힌트: 할아버지가 힘들게 서 있어요.

힌트: 가방에 특별한 배지를 달고 있는 사람을 보았어요.

전철이나 버스 등 대중교통을 이용할 때도 우리가 할 수 있는 SDGs가 많아요.
그림 속 힌트를 보면서 어떤 목표를 위해 행동할 수 있을지 생각해 보아요.

목표 5 성평등 보장
나이 많은 어른과 임신부에게 자리를 양보해요.

전철이나 버스 안은 공공장소예요. 많은 사람들이 함께 이용하는 곳이므로 서로 배려하는 것이 중요해요. 예를 들면 전철 좌석에 앉아 있는데 나이 많은 노인이나 임신부, 몸이 불편한 장애인, 다친 사람 등이 탈 때가 있을 거예요. 이때 빈자리가 없다면 자리를 양보하는 것이 바른 태도예요. 내가 전철에서 편히 앉아 갈 권리도 중요하지만, 사회적으로 보호받아야 할 사람들을 먼저 배려하는 것이 의식 있는 시민의 모습이랍니다. 이렇게 성별에 관계없이 나보다 어려운 사람의 권리를 보호하는 행동은 **성평등**을 실현하는 데 아주 중요해요.

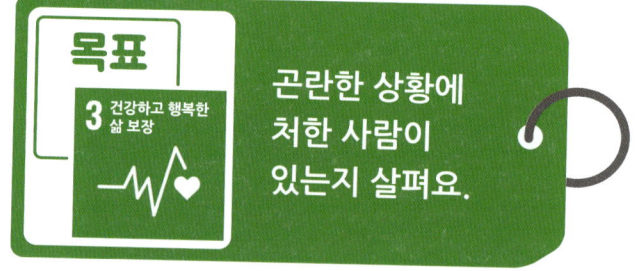

목표 3 건강하고 행복한 삶 보장
곤란한 상황에 처한 사람이 있는지 살펴요.

일본에서는 겉으로는 드러나지 않는 장애나 질병을 가진 사람들이 도움을 받기 쉽도록 '헬프 마크(Help Mark)' 배지를 달아요. 헬프 마크를 단 사람이 어딘가 힘들어 보인다면 자리를 양보하거나 도울 일이 없는지 물어보는 것이 좋겠어요. 그리고 헬프 마크 배지가 없더라도 약자에게 관심을 가지고 배려하는 마음을 지니도록 해요. 이러한 태도는 모두가 **건강하고 행복한 삶**을 만드는 밑거름이랍니다.

목표
11 지속가능한 도시와 주거지 조성

점자 블록의 기능을 알아 두어요.

점자 블록은 발바닥이나 지팡이를 댔을 때 그 촉감으로 위치와 방향을 알 수 있도록 만든 블록이에요. 시각 장애인의 안전을 위해 도로에 깐 것이지요. 그런데 점자 블록 위에 물건을 올려놓거나 계속 서 있으면 시각 장애인이 길을 찾기 어려워요. 그러니 모두가 안전하게 살 수 있는 세상을 위해 주의하는 것이 좋겠어요. 별것 아닌 일처럼 느껴지지만, 이러한 작은 배려가 모여 지속가능한 도시와 주거지를 만드는 토대가 된답니다.

*점자 블록은 정확히 말하면 '시각 장애인 유도용 블록'이에요.

세로선 블록
세로선 블록은 통행할 수 있다는 신호예요.

원형 점 블록
원형 점 블록은 '멈춤'이나 '주의'를 의미해요.

시각 장애인을 위한 다양한 배려

역 건물 안이나 플랫폼에서 '딩동댕', '삑삑' 소리를 들어 봤을 거예요. 시각 장애인에게 개찰구, 계단, 에스컬레이터 등이 앞에 있다는 것을 알려 주는 장치지요. 이 외에도 몸이 불편한 사람들을 위해 어떤 장치가 마련되어 있는지 찾아보아요.

목표 16 평화·정의·포용
비상 버튼의 기능을 알아 두어요.

평화·정의·포용 목표는 이 세상에 존재하는 모든 종류의 폭력을 없애기 위해 만들어졌어요. 이를 위해 우리가 할 수 있는 일은 무엇일까요? 거창하게 생각할 필요 없어요. 누군가가 폭력을 휘두르거나 약한 사람을 괴롭히는 것을 본다면 주저하지 말고 곧장 신고하거나 주변 사람들에게 도움을 청하세요. 사실 용기가 필요한 행동이긴 하지만, 이러한 작은 실천들이 폭력 없는 세상을 만드는 데 큰 힘이 돼요.

전철 안에서 폭력을 휘두르는 사람을 발견한다면 칸마다 설치되어 있는 '비상 버튼'을 눌러 전철 운전사에게 알려 주세요. 주변의 어른에게 비상 버튼을 대신 눌러 달라고 요청할 수도 있지요. 평화롭고 정의로운 사회를 만드는 일은 이렇게 작은 행동에서 시작된답니다.

곤란한 일이 생기면 인터폰으로!

역 건물 안이나 플랫폼에는 역무원과 통화할 수 있는 인터폰이 많이 설치되어 있어요. 선로에 물건을 떨어뜨렸거나 전철을 기다리는데 갑자기 몸이 안 좋아질 때도 사용할 수 있어요.

배리어 프리가 발달한 나라는 어디일까요?

배리어 프리는 당연한 것

유럽이나 미국 같은 '배리어 프리 선진국'은 장애인을 배려하는 시민 의식이 높고, 장애인이 살아가는 데 불편하지 않도록 다양한 시설을 갖추고 있어요. 이들은 배리어 프리를 아주 당연한 것으로 생각해요. 비장애인이 편하게 누리는 인프라를 장애인이 이용하지 못한다면 그건 '불평등'이라는 거지요. 여러분도 장애인의 입장이 되어 주변을 둘러보면 많은 것을 느낄 수 있을 거예요.

*영어 단어 'barrier'는 장벽, 'free'는 없앤다는 뜻이에요. 장애인에게 장벽이 되는 요소를 제거하는 운동이나 정책을 말해요.

세계 곳곳의 배리어 프리

일상에 스며 있는 장애인 배려
영국의 건물 대부분은 휠체어 전용 출입구와 경사로가 갖추어져 있어요. 대중교통을 탈 때도 불편함이 없도록 휠체어 전용 리프트가 보편화되어 있지요.

휠체어 전용 해변 산책로
하와이에는 휠체어를 탄 사람도 바다 근처까지 갈 수 있도록 산책로가 잘 조성된 해변이 많아요. 모래사장용 휠체어를 빌려주기도 해요.

함께 이야기해요! 우리나라도 장애인, 노약자가 편히 이동할 수 있도록 무장애 산책로, 무장애 숲길이 많이 만들어지고 있어요. 이 외에도 보행 약자를 위해 어떤 시설이 필요할지 찾아보아요.

공원

많은 사람들이 즐겨 찾는 공원에도 다 함께 실천할 수 있는 SDGs가 많이 있어요.
아래 그림의 힌트를 보면서 내가 해야 할 행동은 무엇일지 생각해 보아요.

힌트
물을 계속 틀어 장난쳐요.

힌트
귀여운 곤충을 발견했어요.

신나게 움직이는 신체 활동은 몸을 튼튼하게 해 주어요. 뿐만 아니라 스트레스도 풀리고 기분도 상쾌해지는 등 마음도 건강하게 해 주지요. 이러한 신체 활동과 놀이는 누구에게나 똑같이 즐겁고 소중한 시간이에요. 그러니 놀이 기구를 독차지하지 말고, 차례를 지켜 가며 다른 친구들과 공평하게 사용하도록 해요. 특히 나보다 어린 동생들에게는 양보하는 게 좋겠지요? 이러한 사소한 배려가 **건강하고 행복한 삶 보장** 목표를 달성하는 데 많은 도움이 된답니다.

건강을 지켜 주는 운동 기구

공원에는 어른들을 위한 운동 기구가 많아요. 이 기구들은 몸의 피로를 풀어 주거나 근육을 키워 주지요. 물론 어린이가 해도 괜찮아요. 가족과 함께 즐거운 운동 시간을 가져 보아요.

공원은 같은 동네에 사는 사람들이 함께 이용하는 휴식 공간이자 즐거운 놀이터예요. 큰 축제가 열리는 행사장이기도 하고, 재해가 일어났을 때 안전한 피난처로 쓰이기도 하지요. 이렇게 중요한 공공장소는 모두가 기분 좋게 사용하기 위한 여러 가지 규칙이 있어요. 시설을 함부로 망가뜨려선 안 되고, 깨끗이 유지될 수 있도록 다 함께 노력해야 하지요. 이렇게 공공 규칙을 지키는 것은 **지속가능한 도시와 주거지**를 만드는 데 아주 중요한 밑거름이 된답니다.

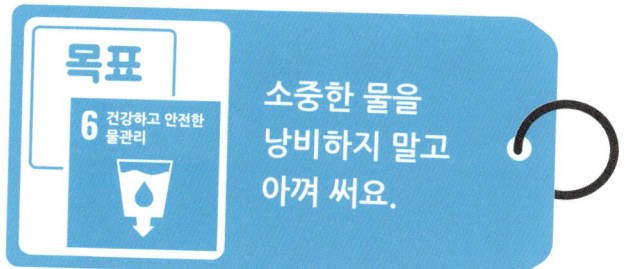

언제 어디서든 수도꼭지만 틀면 물이 펑펑 나오다 보니, 우리는 물을 너무 당연하게 여기고 마구 쓰는 경향이 있어요. 하지만 지구상의 물 가운데 인간이 마시거나 생활용수로 쓸 수 있는 물은 약 0.01퍼센트밖에 안 돼요. 그러니 물을 쓰고 나면 수도꼭지를 꼭 잠그고, 물 장난은 하지 않도록 해요. 물 낭비를 막는 작은 행동으로 **건강하고 안전한 물관리** 목표를 달성해 보아요.

목표: 호기심을 가지고 자연을 관찰해요.

4 모두를 위한 양질의 교육

공원에는 풀, 나무, 벌레, 새 등 수많은 생명체가 어우러져 살고 있어요. 즉, 자연을 관찰하기에 알맞은 장소지요. 그러니 공원에 가면 주변의 자연에 관심을 가지고 살펴보세요. '개미는 왜 개미집을 짓는 걸까?', '이 꽃은 언제 폈을까?' 이처럼 나를 둘러싼 자연과 주변 사물에 호기심을 갖는 것은 세상을 배워 나가는 첫 단계이자 **모두를 위한 양질의 교육**을 실천하는 것이도 해요.

자연의 소리 듣기

공원에서 가만히 귀를 기울이면 바람이 나뭇잎을 흔드는 소리, 새가 지저귀는 소리 등 평화로운 자연의 소리를 들을 수 있어요. 공원에 가면 잠시 눈을 감고 귓속을 파고드는 자연의 아름다움과 풍요로움을 느껴 보아요.

SDGs 더 알아보기 | **10 모든 종류의 불평등 해소**

점점 더 늘어나는 인클루시브 공원

누구나 즐길 수 있는 공원

영어 단어 'inclusive'는 모든 것을 포함한다는 뜻이에요. 즉, 인클루시브 공원은 장애인, 비장애인 구분 없이 모두 함께 이용하고 놀 수 있는 곳을 말해요. 휠체어를 탄 채 놀 수 있는 모래사장, 옆에서 보살펴 주는 사람도 함께 탈 수 있는 그네 등 시설과 기구의 종류도 무척 다양하지요. 이처럼 장애를 가졌더라도 불편함 없이 즐길 수 있는 시설이 점점 늘고 있어요. 이를 통해 장애인도 사회의 한 구성원으로서 소외되거나 차별받아선 안 된다는 것을 잘 알 수 있어요.

인클루시브 공원의 다양한 놀이 기구

모래 탁자
탁자 위에 모래가 있어서 휠체어를 탄 채로도 손만 뻗으면 모래 놀이를 할 수 있어요.

함께 타는 그네
앉는 자리가 넓어서 두 사람이 타도 넉넉해요. 옆에서 잡아 주는 친구와 같이 탈 수 있어서 장애아에게도 안전해요.

가장자리가 고정된 트램펄린
트램펄린의 가장자리가 고정되어 있어서 휠체어에서 내려 앉기가 수월해요.

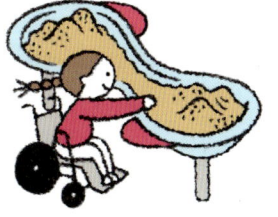  

함께 이야기해요! 미국, 유럽, 호주 등에서는 인클루시브 공원이 활발하게 만들어지고 있어요. 어떤 시설이 있는지 인터넷으로 검색해 둘러보고 이야기를 나누어요.

동네를 천천히 걷다 보면 우리가 할 수 있는 SDGs를 많이 발견할 수 있어요.
그림 속 다양한 사람들과 힌트를 보면서 어떤 목표를 실천할 수 있을지 생각해 보아요.

힌트: 외국인을 신기하게 쳐다보아요.

힌트: 계단을 두고 엘리베이터를 이용해요.

목표 11 지속가능한 도시와 주거지 조성

자전거는 정해진 장소에 세워요.

자전거 주차가 금지된 장소인데, '한 대 정도는 괜찮겠지?'라고 생각하며 자전거를 세워 둔 적이 있나요? 여러분의 자전거가 세워진 것을 보고 다른 자전거들도 그곳에 줄줄이 주차를 한다면요? 그래서 그곳을 지나다니는 사람들에게 큰 불편을 준다면 이는 정말 잘못된 행동이에요. 특히 어린이나 노인, 휠체어를 탄 장애인 등은 자전거 때문에 다니기가 힘들 뿐 아니라 자칫 다칠 수도 있어요. 그러니 자전거는 반드시 정해진 장소나 자전거 전용 주차장에 세우도록 해요. 이렇게 공공 규칙을 지키는 것은 **지속 가능한 도시와 주거지**를 만드는 데 중요한 토대가 된답니다.

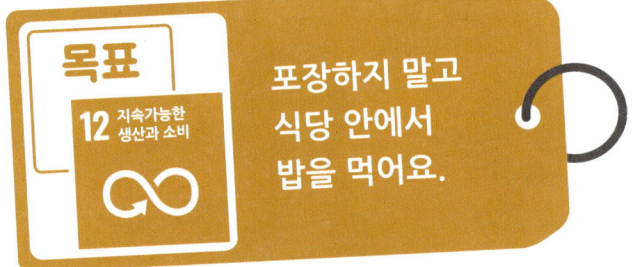

목표 12 지속가능한 생산과 소비

포장하지 말고 식당 안에서 밥을 먹어요.

음식이나 음료수를 포장하면 플라스틱 용기와 비닐봉지를 쓰게 되고, 이는 고스란히 플라스틱 쓰레기가 되어 환경을 오염시켜요. 따라서 음식을 꼭 포장해야 할 상황이 아니라면 식당에서 식사를 하고 나오는 게 좋겠어요. 이렇게만 해도 플라스틱 쓰레기를 크게 줄일 수 있으니까요. 이는 **지속가능한 생산과 소비** 목표를 위해 여러분이 할 수 있는 작은 행동이기도 하답니다.

동네를 걷다 보면 다양한 사람들을 볼 수 있어요. 외국인, 특정 종교를 믿는 사람, 장애를 가진 사람, 옷차림과 머리 모양이 특이한 사람, 피부색이 다른 사람 등 제각각이지요. 이는 달리 말하면 저마다 개성이 있다는 뜻이에요. 즉, 나와 다르다고 해서 틀린 게 아니며, 그 사람을 대할 때 색안경을 끼고 내 기준대로 평가해서는 절대 안 돼요. 생김새나 취향, 생각이 다를 뿐 그들도 나와 똑같은 사람이라는 사실을 꼭 기억하세요. 이렇게 다양한 개성을 지닌 사람들과 교류하는 것은 **모든 종류의 불평등 해소** 목표를 실천하는 첫걸음이랍니다.

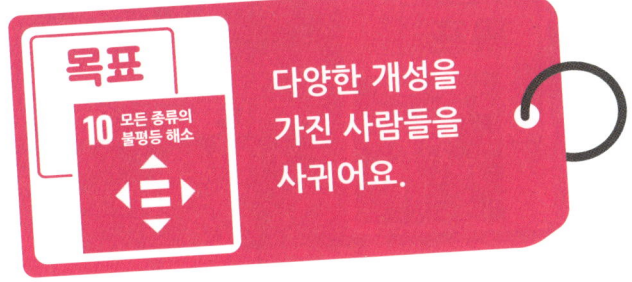

다양한 언어와 기호로 된 안내판

곳곳에 설치된 간판, 표지판, 안내판을 보면 여러 나라 사람들이 생활하거나 여행하기 편하도록 다양한 언어로 쓰여 있어요. 한눈에 알아볼 수 있도록 기호로 표시하기도 해요.

목표

3 건강하고 행복한 삶 보장

가능하면 계단을 이용해요.

고층 건물에는 보통 에스컬레이터나 엘리베이터가 설치되어 있어요. 하지만 건강한 사람이라면 계단을 이용해 올라가도록 해요. 운동도 되고, 엘리베이터 안이 북적이지 않아 장애인이 이용하기 훨씬 수월하거든요. 게다가 전기도 절약되니 일석삼조지요. 우리 모두 계단을 이용하는 습관을 길러 **건강하고 행복한 삶**에 한 발 가까이 다가가 보아요.

에스컬레이터 안전하게 이용하기

에스컬레이터를 탈 때는 멈추어 서 있는 것이 기본이에요. 에스컬레이터에서 걷거나 뛰면 다른 사람들과 부딪히면서 다칠 수 있기 때문이에요.

자연의 힘을 이용해 만드는 그린 에너지

쓰고 또 쓰는 친환경 에너지

태양, 물, 바람, 지열(땅속의 열) 등 자연의 힘을 이용해 만드는 에너지를 '그린 에너지' 또는 '신재생 에너지'라고 해요. 언젠가 바닥나는 석탄, 석유와 달리 아무리 써도 없어지지 않고, 온난화의 원인이 되는 탄소를 배출하지 않아 환경에도 무해하지요. 우리나라는 전체 에너지 발전량 가운데 그린 에너지의 비율이 약 8퍼센트예요.(2021년 기준) 덴마크는 78퍼센트, 캐나다는 68퍼센트, 스웨덴은 67퍼센트로 한국보다 훨씬 높지요. 이 차이를 좁힐 방법에 대해 함께 고민해 보아요.

그린 에너지의 종류

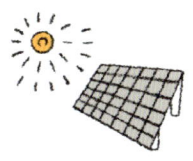

태양광 발전
태양 전지를 통해 햇빛에서 에너지를 얻어요.

수력 발전
물이 흐르는 힘에서 에너지를 얻어요.

풍력 발전
바람의 힘으로 터빈을 돌려 에너지를 얻어요.

지열 발전
화산 마그마나 땅속의 열로 에너지를 얻어요.

바이오매스 발전
식물, 미생물 등을 가공해서 가스를 발생시켜 에너지를 얻어요.

함께 이야기해요!

우리나라에서 가장 많이 사용하는 그린 에너지는 태양광 발전이에요. 태양광 발전이 널리 사용되는 이유를 알아보아요.

SDGs 힌트 찾기

수족관

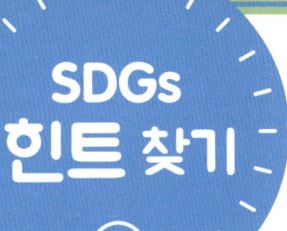

다양한 해양 생물을 만날 수 있는 수족관에도 SDGs가 많이 있어요.
그림 속 힌트를 보며 찾아보아요!

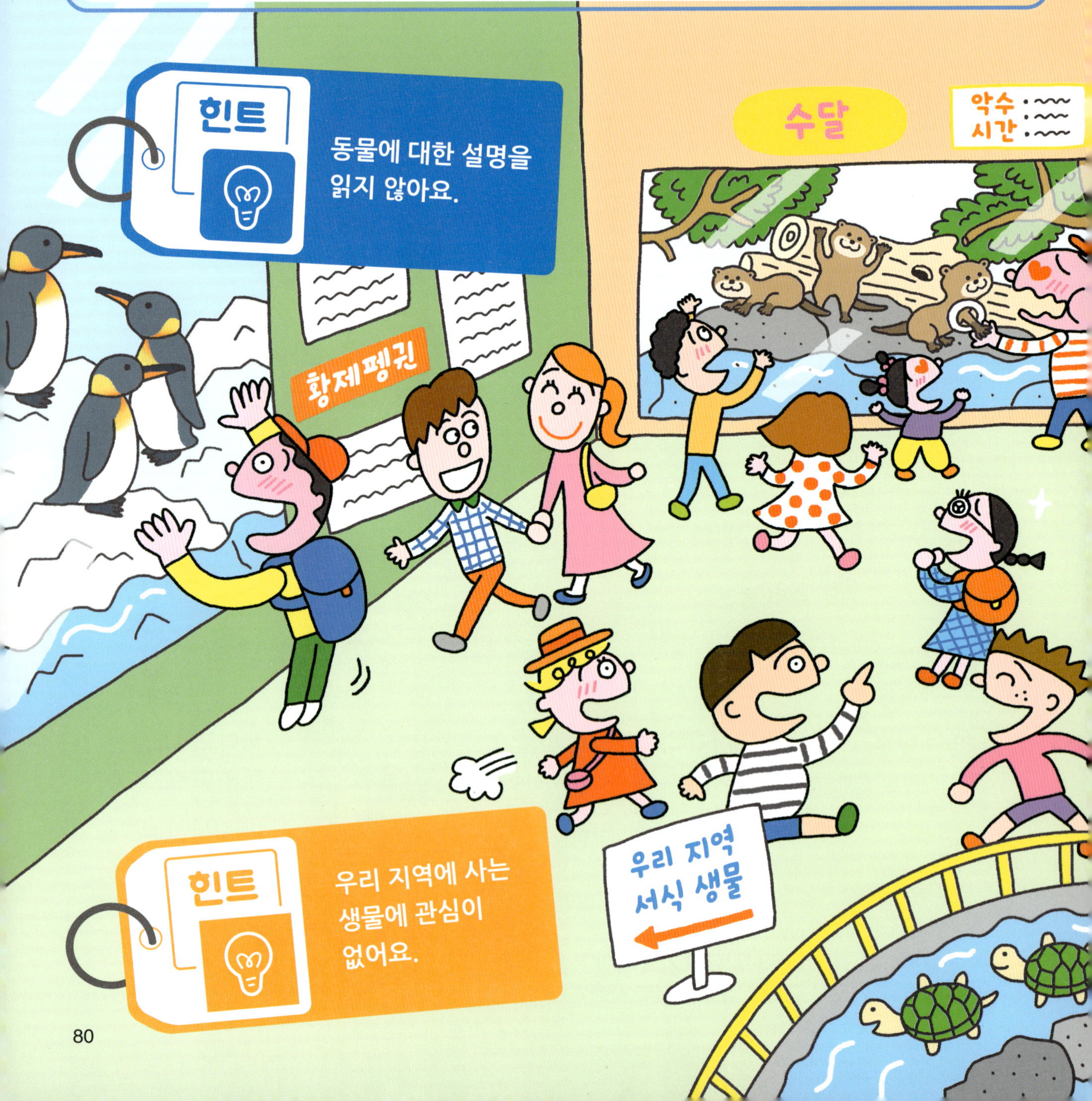
황제펭귄
수달
악수
시간
우리 지역
서식 생물

힌트

동물에 대한 설명을
읽지 않아요.

힌트

우리 지역에 사는
생물에 관심이
없어요.

목표 14 해양생태계 보전

인간과 더불어 살아가는 생물을 배워요.

수족관에 가면 생물에 대한 정보가 자세하게 적혀 있어요. 그냥 지나치지 말고 꼭 읽어 보세요. 이를 통해 서식지, 먹이, 습성 같은 생물의 생태를 배울 수 있거든요. 또한 환경 오염으로 인해 멸종 위기에 놓인 해양 생물을 알게 되고, 보호하는 방법에 대해서도 생각할 기회를 가질 수 있어요. 이는 **해양생태계 보전** 목표를 달성하는 데 꼭 필요한 태도랍니다.

수족관을 관람하면서 알게 된 새로운 정보에 대해 함께 이야기해요.

수족관 직원에게 궁금하거나 흥미가 생기는 생물에 대해 질문해요.

체험 활동 참여하기

수족관이나 동물원에서 운영하는 다양한 체험 활동을 해 보세요. 일반 관람객은 들어갈 수 없는 공간까지 구경할 수 있고, 생물에 대한 보다 전문적인 지식을 배울 수 있답니다.

목표 11 지속가능한 도시와 주거지 조성

우리 지역에 사는 생물에 관심을 가져요.

수족관은 자칫 멸종할 수 있는 생물을 보호하는 역할도 해요. 그러니 수족관에서 기획한 지역 생물 전시가 있다면 꼭 들러서 관람하도록 해요. 비록 수조라는 한정된 공간이지만, 이를 통해 내가 사는 지역의 환경 생태계를 조금이나마 배울 수 있으니까요. 날씨, 지형, 지질, 해류 등 지역마다 다른 자연환경이 생물들에게 어떤 영향을 미치는지 알게 되고 곰곰 생각해 보는 것만으로도 지속가능한 도시와 주거지를 만드는 데 밑거름이 된답니다.

우리 지역 농산물에 관심 가지기

여러분이 사는 지역에서 주로 생산되는 농산물은 무엇인가요? 농산물은 그 지역의 자연이 선사하는 큰 선물이에요. 농산물이 어떤 방법으로, 어떤 환경에서 생산되는지 알게 되면 우리 지역의 지리적 특징도 함께 알 수 있답니다.

멸종 위기에 놓인 소중한 생명을 지켜요!

생물의 보금자리를 뺏지 말아요

현재 지구상의 생물 가운데 약 4만 종이 멸종 위기에 처해 있어요. 멸종은 지구상에서 완전히 사라지는 것을 말해요. 생물이 멸종하는 가장 큰 이유는, 인간이 숲의 나무를 베어 버리기 때문이에요. 목재로 물건을 만들고, 숲을 밭이나 목장으로 만들어 농작물을 기르고 가축을 키우기 위해서지요. 그러나 동물들 입장에서는 소중한 보금자리를 송두리째 빼앗기는 것이나 마찬가지예요. 사실 인간도 지구에 사는 생물 중 하나일 뿐이에요. 그러니 인간의 편리와 욕심을 채우기 위해 환경을 파괴해서는 안 되겠지요?

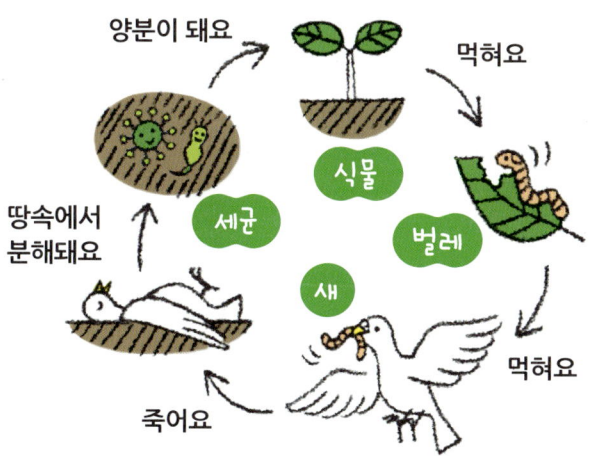

생태계의 순환

유기적으로 연결된 생태계

자연에서 살아가는 생물들은 다른 생명체들과 유기적으로 연결되어 균형을 유지하고 있어요. 이를 '생태계'라고 해요. 따라서 한 생물이 멸종하면 생태계의 균형이 깨지면서 줄줄이 스러지게 된답니다.

함께 이야기해요! 멸종 위기에 처한 동물을 보호하기 위해 우리가 할 수 있는 일이 무엇일지 의견을 나누어 보아요.

수업 시간

SDGs 힌트 찾기

힌트: 이해가 안 되지만 묻지 않고 가만히 있어요.

힌트: 앉아 있는 자세가 바르지 않아요.

교실에서 선생님, 친구들과 함께 공부하는 동안에도 SDGs를 많이 찾아볼 수 있어요.
힌트를 보면서 어떤 목표를 달성할 수 있을지 생각해 보아요.

힌트: 몽당연필을 그냥 버려요.

힌트: 친구가 물어보는데 모르는 척해요.

목표 4 모두를 위한 양질의 교육

잘 모르는 것은 선생님께 묻거나 스스로 답을 찾아요.

공부는 교과서를 그저 달달 외우는 것이 아니에요. '왜? 어째서?' 하는 의구심이 드는 것에 대해 답을 찾고 그 해답을 자신의 것으로 만드는 것이 공부예요. 그러니 모르는 것이 있으면 가만히 있지 말고 선생님께 물어보거나 힌트를 얻어 스스로 답을 찾아보아요. 그 과정이 힘들고 어렵기도 하지만, 다양하고 폭넓게 공부해 보는 경험은 여러분이 어른이 되었을 때 귀한 자산이 돼요. 이러한 공부 습관은 **모두를 위한 양질의 교육**을 실천하는 것이자, 멋진 어른이 되기 위한 과정이랍니다.

적극적으로 발표하기

수업 시간에 발표할 기회가 있으면 적극적으로 참여해 보세요. 자신의 생각을 다른 사람에게 알기 쉽게 설명하거나 설득해 보는 것, 다른 사람이 나의 의견을 어떻게 생각하는지 아는 것은 굉장히 중요하답니다.

목표 3 건강하고 행복한 삶 보장

바른 자세로 앉는 습관을 길러요.

수업 시간에 자세를 바르게 하면 집중이 훨씬 잘돼요. 몸의 균형이 바로잡히면 뇌가 더 잘 작동하기 때문이에요. 그럼 어떤 자세가 바른 걸까요? 책상과 몸 사이의 간격은 주먹 하나가 들어갈 정도가 적당해요. 발은 바닥에 딱 붙이고, 등은 꼿꼿하게 세우고, 손은 책상 위에 자연스럽게 놓는 게 좋아요. 우리 모두 바른 자세를 습관화하여 몸과 머리를 맑게 하고 **건강하고 행복한 삶**을 이루기 위해 노력해 보아요.

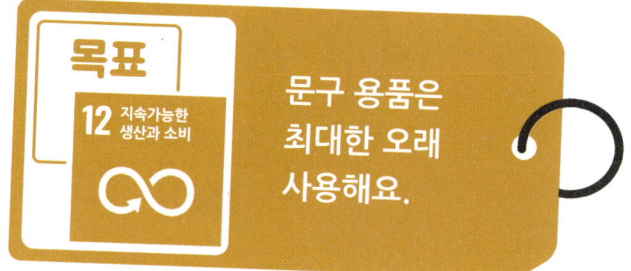

목표 12 지속가능한 생산과 소비

문구 용품은 최대한 오래 사용해요.

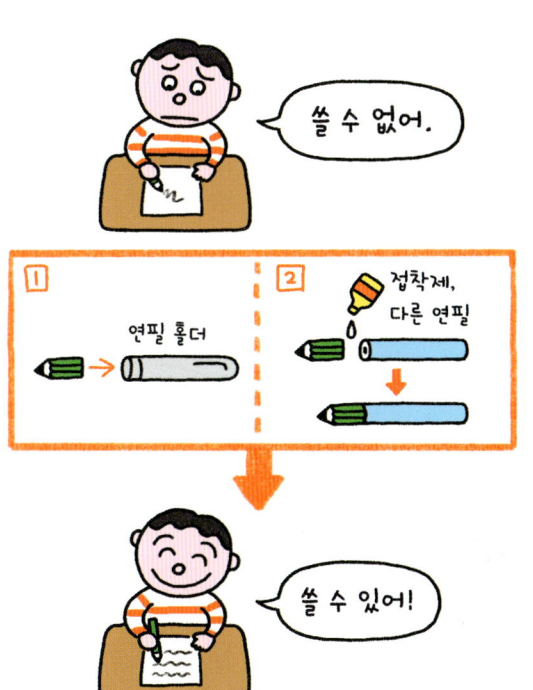

지속가능한 생산과 소비 목표에서 가장 중요한 것은 자원을 소중히 여기고 아끼는 거예요. 아직 더 쓸 수 있는 물건을 휙 버리거나 싫증이 났다고 새 물건으로 바꾸는 것은 자원을 낭비하는 일이지요. 예를 들어, 몽당연필이 되었다고 바로 버릴 게 아니라 연필 홀더에 끼워서 좀 더 사용한다면 자원의 낭비를 막을 수 있답니다. 이 외에도 자원을 아낄 수 있는 방법이 뭐가 더 있는지 주변에서 찾아보아요.

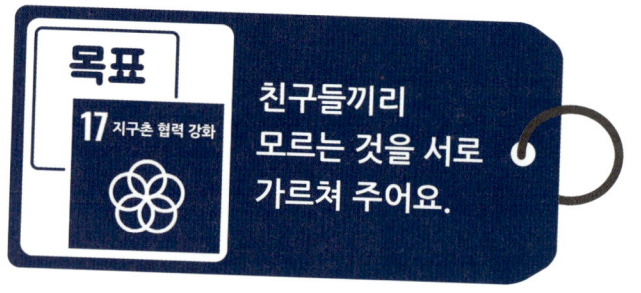

곤란한 일이 생기면 혼자서 끙끙대지 말고 주변의 친구들에게 도움을 청해 보세요. 머리를 맞대고 함께 고민하다 보면 혼자서 할 때보다 더 좋은 아이디어가 많이 떠오르거든요. 그러면 생각보다 쉽게 문제를 해결할 수 있어요. 따라서 친구들과 서로 도움을 주고받는 사이가 되면 아무리 어려운 일이 닥쳐도 잘 이겨 낼 수 있답니다. 이렇게 친구와 좋은 관계를 유지하면서 서로 도우려는 마음을 갖는 것도 **지구촌 협력 강화** 실현에 큰 힘이 된답니다.

거절 이유를 분명히 밝히기

아무리 친한 친구의 부탁이라 해도 때로는 내키지 않을 때가 있지요. 그럴 땐 친구에게 자신의 마음과 생각을 솔직하게 전하도록 해요. 거절하는 이유를 분명히 밝히지 않으면, 거절당한 친구가 섭섭해하고 오해할 수 있으니까요.

선생님은 힘든 직업인가요?

수업 말고도 할 일이 많아요

학교 선생님들은 대부분 자신의 일이 많다고 여겨요. 교과 수업 이외에도 동아리 활동 지도, 교무 회의, 학생 면담 등 업무가 아주 많은데 이를 당연하게 생각하는 사람이 꽤 있는 것 같아요. 선생님뿐 아니라, 몇몇 다른 직업도 업무 강도가 너무 세서 건강을 해치는 경우가 종종 있지요. 사람들이 건강도 지키고 보람도 느끼면서 행복하게 일하려면 어떤 개선이나 노력이 필요할지 생각해 보아요.

선생님의 업무를 도와주는 사람들

동아리 활동 지도는 전문가에게!
지역마다 다양한 분야의 전문가들이 있어요. 이분들에게 동아리 활동 지도를 맡긴다면 선생님은 교과 수업에 좀 더 집중할 수 있어요.

소소한 업무를 도와주는 지원 교사
지원 교사는 수업 시간에 교실에서 선생님을 도와주거나 선생님이 계획한 대로 수업 준비를 해 주는 사람이에요. 지원 교사가 있으면 선생님은 조금이나마 업무 부담을 덜 수 있어요.

함께 이야기해요! 부모님이 하루에 몇 시간 일하는지, 1년 동안 쉬는 날은 며칠인지 알아보아요. 그리고 근무 시간과 휴일이 적당한지 이야기해 보세요.

SDGs 힌트 찾기

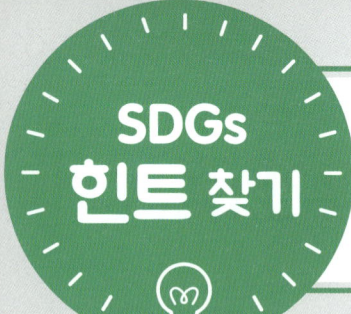

쉬는 시간

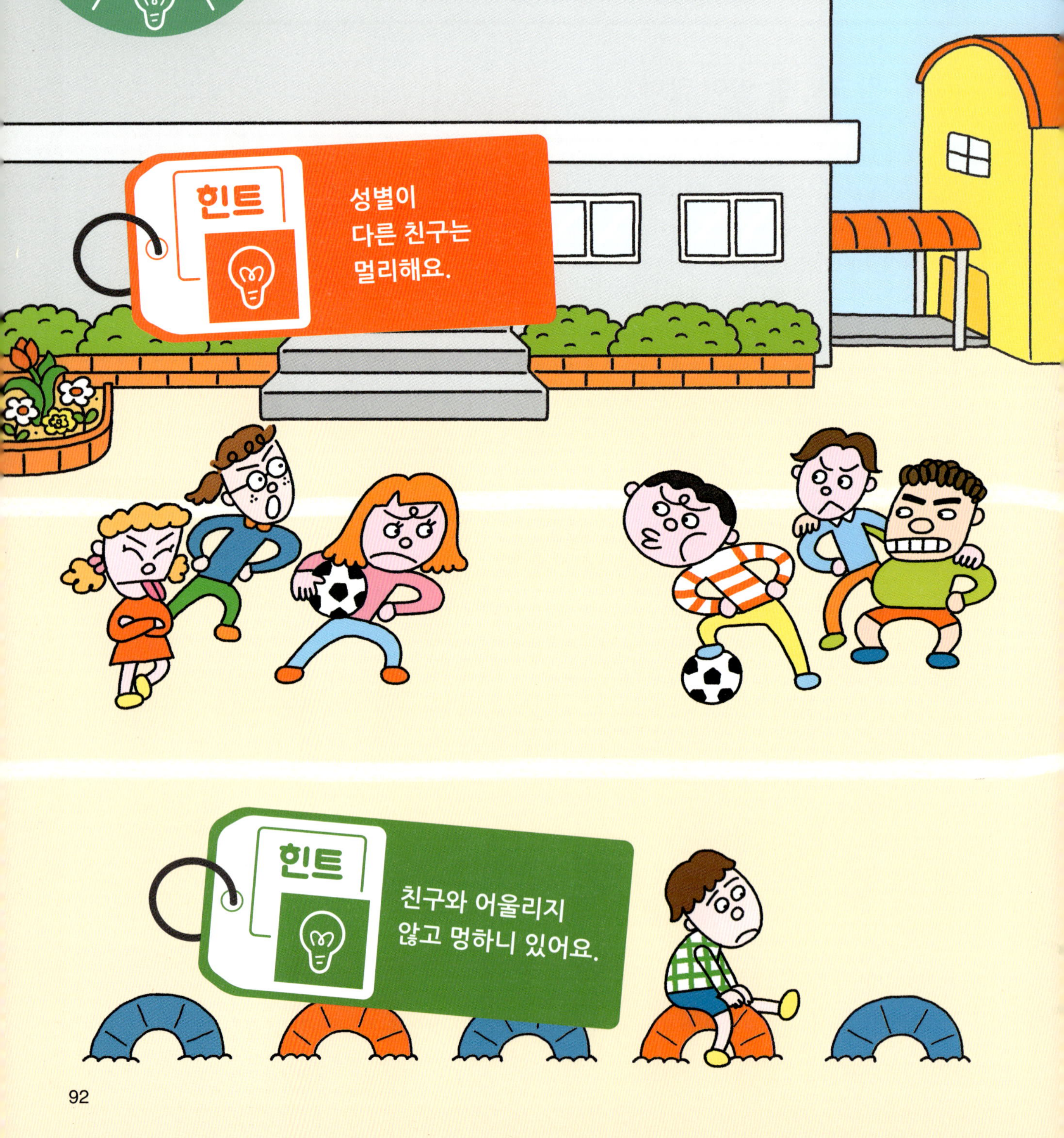
힌트
성별이 다른 친구는 멀리해요.
힌트
친구와 어울리지 않고 멍하니 있어요.

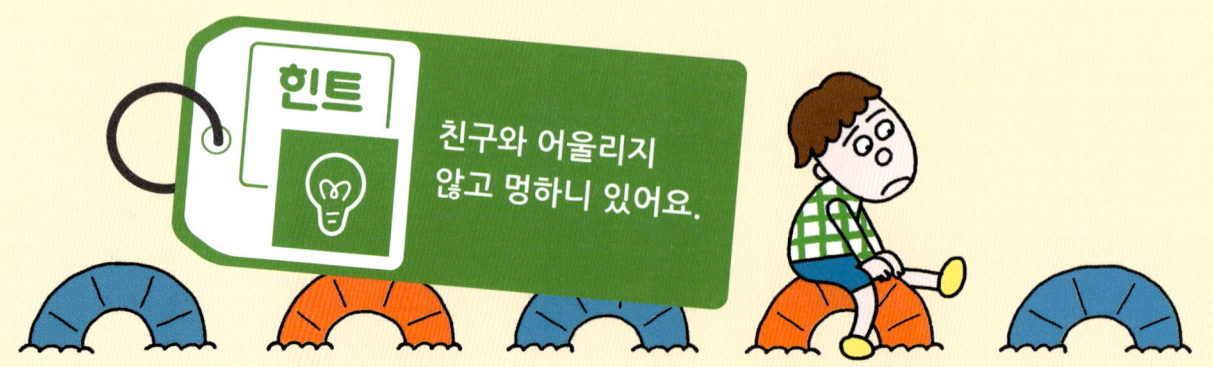

친구들과 즐겁게 뛰노는 쉬는 시간에도 SDGs를 많이 찾을 수 있어요.
그림 속 힌트를 보며 우리가 할 수 있는 행동을 생각해 보아요.

힌트: 단짝 친구하고만 놀아요.

힌트: 어려운 상황에 처한 친구를 모르는 척해요.

힌트: 학교 시설물을 험하게 사용해요.

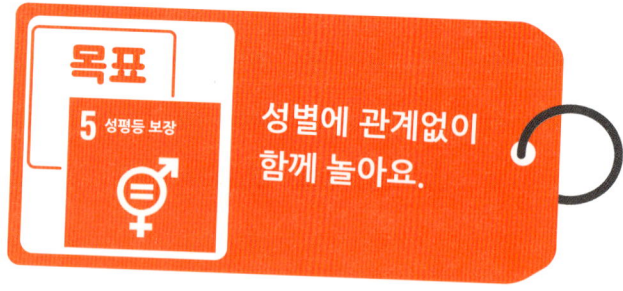

목표

5 성평등 보장

성별에 관계없이 함께 놀아요.

친구들과 놀 때 나도 모르게 남자와 여자를 구분 짓지는 않나요? 성별로 친구를 판단하기보다는 친구가 가진 개성, 마음과 태도 등을 먼저 봐 주면 좋겠어요. 그러면 보이지 않던 친구의 장점이 눈에 확 들어올 거예요. 성별로 편을 가를 때보다 더 많은 친구를 사귈 수도 있고요. 남자, 여자라는 겉모습 대신 '그 사람만의 특별함'을 중요하게 생각하는 것, 이것이 바로 성평등의 시작이에요.

순서와 규칙 정하기

여러 친구들과 함께 어울릴 때는 규칙을 정해 두면 싸울 일이 적어요. 사용 시간, 이용 순서 등을 미리 정하면 공평하고 즐겁게 놀 수 있답니다.

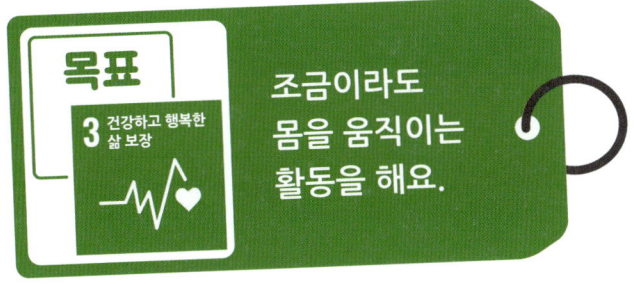

목표 3 건강하고 행복한 삶 보장

조금이라도 몸을 움직이는 활동을 해요.

우리는 각자 원하는 대로 쉬는 시간을 보내요. 수다를 즐기는 친구, 혼자 공상에 잠기는 친구 등 저마다 방식이 다르지요. 어떤 것이든 상관없지만, 대신 똑같은 자세를 너무 오랫동안 하고 있는 것은 건강에 좋지 않아요. 몸에 피로가 쉽게 쌓여 머리도 무겁고 수업에 집중하기도 어려워요. 그러니 팔다리를 쭉쭉 펴는 가벼운 스트레칭이라도 해 보세요. 기분이 훨씬 좋아질 거예요. 적당한 신체 활동은 **건강하고 행복한 삶**에 한 걸음 다가가는 것이랍니다.

목표 16 평화·정의·포용

혼자 노는 친구에게 말을 걸어요.

평화·정의·포용 목표는 다투지 않는 사회, 폭력 없는 사회를 만들자는 바람이 담겨 있어요. 이는 어린이들의 학교생활과도 깊은 관련이 있어요. 학교 폭력, 왕따 등이 여전히 심각한 문제이기 때문이에요. 친구들끼리 서로 배려하며 사이좋게 지내는 것은 평화로운 사회를 만드는 데 매우 중요해요. 이유 없이 친구를 따돌리거나 괴롭히지 말고, 다양한 친구들과 두루두루 어울리도록 노력해 보아요.

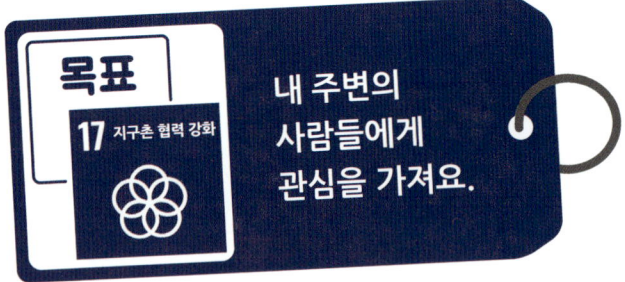

목표
17 지구촌 협력 강화

내 주변의 사람들에게 관심을 가져요.

학교는 많은 사람들이 모이는 곳인 만큼, 여러 가지 다양한 일들이 일어나요. 몸이 불편해서 학교생활이 어려운 친구, 말 못 할 고민 때문에 우울한 친구 등이 보인다면, 내가 도와줄 일은 없는지 먼저 물어보세요. 우리는 많은 사람들과 도움을 주고받으며 함께 살아가요. 혼자서는 절대 생활할 수 없지요. 나보다 어려워 보이는 사람을 신경 써 주고 손을 내밀어 도움을 주는 것은 **지구촌 협력 강화**를 실천하는 첫걸음이랍니다.

목표
9 산업의 성장과 혁신 활성화 및 사회기반시설 구축

학교의 시설을 소중히 사용해요.

학교는 해당 지역의 소중한 인프라 중 하나예요. 평소에는 아이들이 공부하는 장소지만, 비상시에는 피난소가 되고 선거 때는 투표소가 되기도 하지요. 따라서 학교의 각종 시설과 놀이 기구 등은 학생들만의 물건이 아니라 주민 전체의 재산이에요. 이러한 마음으로 시설물을 소중히 다뤄 주세요. 이는 **사회기반시설 구축** 목표를 달성하는 데에도 도움이 된답니다.

학교를 다니지 못하는 아이들

12명 중 1명은 학교에 못 가요

우리나라는 교육법에 따라 모든 어린이들은 초등학교 6년, 중학교 3년 교육을 의무적으로 받아야 해요. 그러나 전 세계에는 초등학교조차 다니지 못하는 아이들이 12명 중 1명꼴로 있어요. 아이들이 교육을 받지 못하는 이유는 근처에 학교가 없거나 가난하기 때문이지요. 하지만 제때 교육을 받지 못하면 나중에 수많은 어려움이 생기기 때문에 반드시 개선되어야 할 문제예요. 전 세계 어린이들이 빠짐없이 교육을 받으려면 어떻게 해야 할까요? 함께 이야기해 보아요.

교육을 받지 못하면 어떻게 돼요?

읽고 쓸 수 없어요
글을 모르면 살아가는 데 많이 불편해요. 필요한 정보를 읽을 수 없고, 선거 때 투표하기도 어렵지요.

계산을 할 수 없어요
물건을 사고팔 때 손해를 보거나 다른 사람에게 속아서 돈을 뺏길 수 있어요.

좋은 직업을 가질 수 없어요
교육을 제대로 받지 못하면 하고 싶은 일을 할 수 없고 일정한 월급이 나오는 직업을 갖지 못해 더 가난해져요.

함께 이야기해요!

일본은 쓰지 않는 책가방을 모아 책가방이 없는 해외 어린이들에게 보내고 있어요. 전 세계 가난한 어린이들을 위해 할 수 있는 일을 생각해 보아요.

SDGs 힌트 찾기

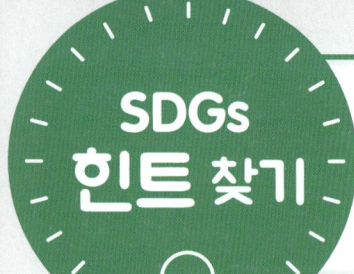

하교 시간

힌트

청소는 하지 않고
딴청을 피워요.

힌트

꽃이 시들어도 전혀
신경 쓰지 않아요.

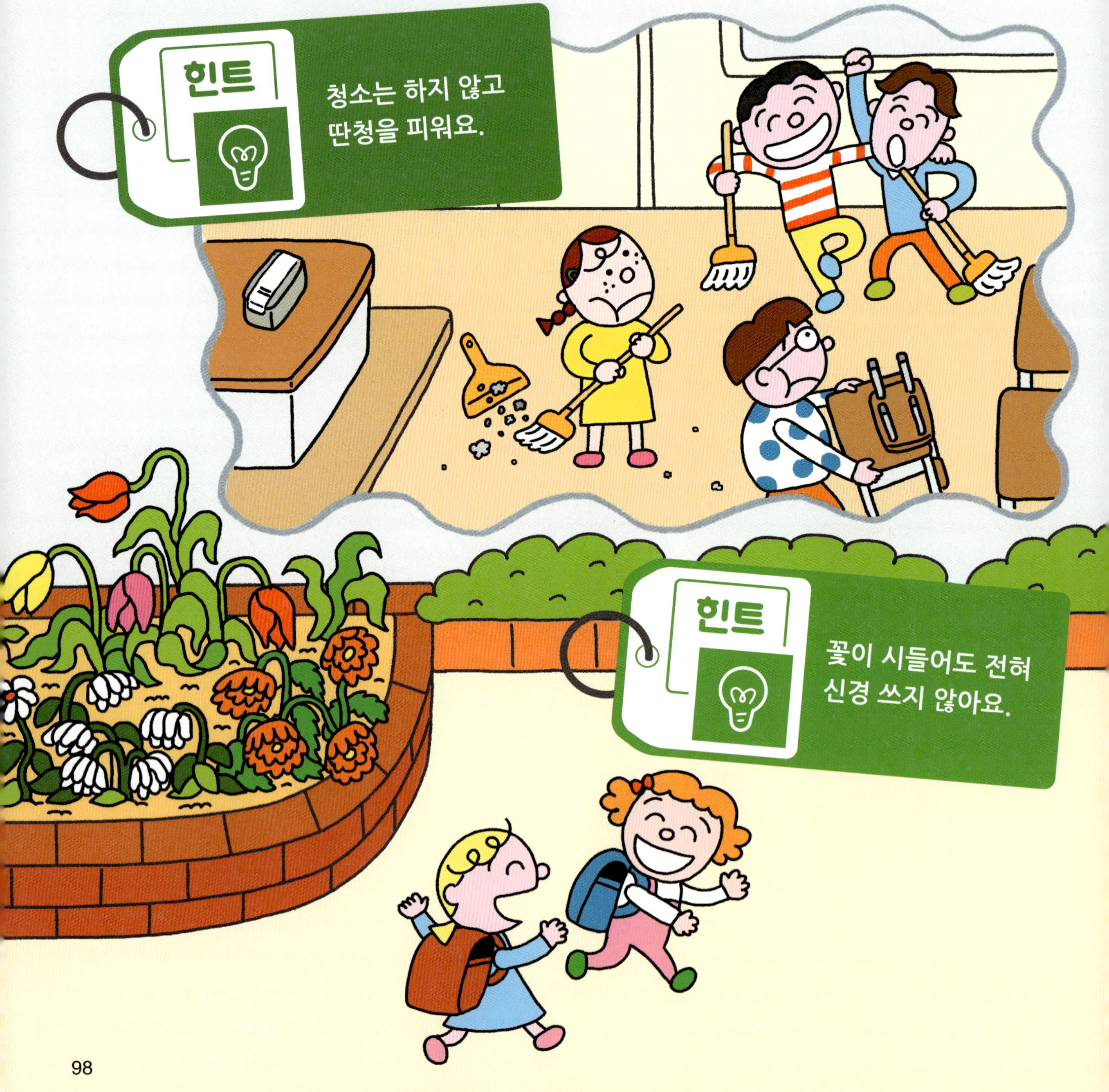

모든 수업이 끝난 하교 시간에도 학교 곳곳에서 SDGs를 찾을 수 있어요.
아래의 힌트를 보면서 목표와 실천 방법을 생각해 보아요.

목표

3 건강하고 행복한 삶 보장

내 주변을 항상 깨끗하게 청소해요.

청소는 우리의 건강을 유지하는 데 매우 중요해요. 먼지 속에는 질병을 일으키는 곰팡이와 알레르기를 유발하는 진드기가 많이 들어 있거든요. 급식을 먹다가 흘린 음식 찌꺼기를 치우지 않고 그대로 두면 건강을 해치는 병원균이 증식하기도 하지요. 따라서 청소를 자주 하고 주변을 청결하게 유지하는 것이 매우 중요해요. 학교는 여러분들이 하루의 대부분을 보내는 소중한 생활 공간이에요. 누가 시키지 않아도 스스로 청소하여 **건강하고 행복한 삶**을 꾸리는 데 앞장서 보세요.

창문을 열어 환기하기

건강을 해치는 병원균은 먼지나 음식 찌꺼기뿐만 아니라 공기 중에도 떠다녀요. 특히 사람이 많이 모여 있는 교실에는 더 잘 생기지요. 따라서 청소 시간은 물론 평상시에도 창문을 자주 열어서 환기를 하는 것이 좋아요.

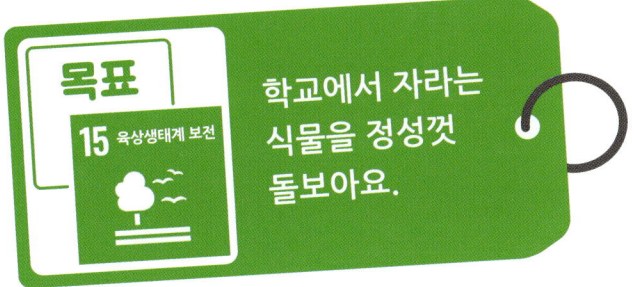

학교에는 수많은 꽃과 나무가 자라고, 토끼 같은 작은 동물을 기르기도 해요. 이러한 동식물은 여러분의 보살핌이 없으면 오래 살지 못해요. 동식물을 좋아하고 관심이 많다면 주인 의식을 가지고 돌보아 주는 건 어떨까요? 동식물도 우리 인간과 마찬가지로 소중한 생명이라는 것을 마음에 새기고 꾸준히 돌보다 보면, 자연의 소중함을 깨닫게 될 거예요. 또한 자연을 보호해야 한다는 책임감도 생기지요. 풍요로운 자연에 감사한 마음을 가지고, 자연과 조화롭게 살아가도록 노력해 보아요. 이는 **육상생태계 보전**을 위해 여러분이 충분히 할 수 있는 일이랍니다.

학교 건물 안으로 들어갈 때는 실내화로 갈아 신고, 복도에서는 뛰면 안 돼요. 이처럼 학교에는 모두가 꼭 지켜야 하는 여러 규칙이 있어요. 모두가 규칙과 매너를 지키면 학교를 기분 좋게 다닐 수 있고 학교 분위기도 좋아지지요. 또한 학교 주변의 사람들과 동네에까지 이 행복한 분위기가 전해져요. 우리 모두 학교 규칙과 매너를 잘 지켜서 **지속가능한 도시와 주거지**가 될 수 있도록 노력해 보아요.

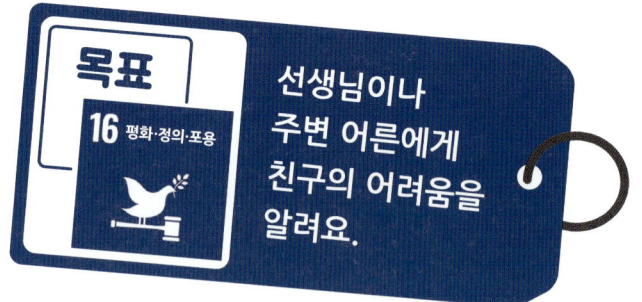

친구가 힘들어하는 모습을 봤다면 가능한 빨리 선생님에게 알려야 해요. 담임 선생님뿐만 아니라 보건 선생님, 상담 선생님 등 학교에는 여러분을 도와줄 선생님이 아주 많아요. 혹시 더 많은 도움이 필요하다면 가족이나 주변의 어른들에게 적극적으로 알려 친구의 어려움을 함께 고민하고 도와주도록 해요. 힘든 시간을 보내고 있는 친구를 모르는 척하지 않는 여러분의 작은 용기가 평화·정의·포용 목표 달성에 큰 힘이 된답니다.

상담 선생님 찾아가기

학교에는 학생들의 고민을 들어주는 상담실이 있어요. 여러분에게 고민이 생긴다면, 힘든 마음을 다독여 주고 함께 해결책을 찾아 주려는 상담 선생님을 찾아가 보세요. 비밀도 꼭꼭 지켜 주기 때문에 안심하고 상담할 수 있답니다.

태양광 발전을 설치하는 학교가 점점 늘어나요!

점점 확대되는 그린 에너지

태양광 발전, 수력 발전 같은 그린 에너지는 친환경적이고 기후변화를 막아 주어서 많은 주목을 받고 있어요. 그중 태양광 발전은 우리나라에서 가장 많이 사용되고 있는 그린 에너지예요. 최근에는 일반 가정이나 건물에도 태양 전지판이 많이 설치되고 있고, 학교에도 도입되기 시작했어요. 학교 옥상에 태양 전지판을 설치한 뒤, 태양열 에너지를 모아 학교에 필요한 전기 에너지로 바꾸어 사용하고 있지요.

태양광 에너지는 학교와 동네에서 큰 역할을 해요

태양광 원리를 배워요
태양 전지판을 가까이에서 관찰하고 태양열 에너지 양을 체크하면서 태양광 발전의 원리를 배울 수 있어요.

재해가 발생해도 안심!
에너지를 모아 두는 '충전지'와 '피난축전지' 장치가 있어서 정전되어도 자가 발전이 가능해요.

든든한 에너지 공급원
방학이나 긴 휴가 기간에는 에너지를 다른 시설로 보낼 수 있어요.

  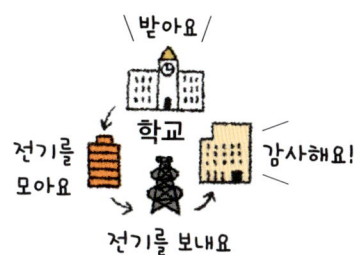

함께 이야기해요! 그린 에너지 원리를 배울 수 있는 국립과천과학관, 서울에너지드림센터, 영덕 신재생 에너지전시관 등을 방문해 체험해 보고 느낀 점을 이야기해 보세요.

급식 시간

SDGs 힌트 찾기

힌트: 열심히 일하는 조리사 선생님을 본 척 만 척해요.

힌트: 음식을 허겁지겁 게걸스럽게 먹어요.

모두가 기다리던 급식 시간이에요. 급식실에도 꼭 실천해야 하는 SDGs가 많이 있으니 힌트를 보며 찾아보아요.

힌트 음식을 보니 욕심이 생겨서 많이 달라고 해요.

힌트 친구와 급식을 바꾸어 먹어요.

정해진 시간에 밥을 먹어야 해서 허겁지겁 먹는 데에만 집중하는 친구들이 있어요. 하지만 조금만 관심을 가지면, 여러 재료로 만들어진 음식에서 다양한 정보와 생각할 거리를 얻을 수 있어요. 예를 들어, 급식 재료의 원산지가 어디인지 생각해 볼 수 있지요. 학교 급식의 경우 주로 국내산 재료, 특히 해당 지역의 식재료를 사용해 만들어요. 그러면 식재료가 학교 조리실로 올 때 사용되는 운반 에너지가 확실히 적게 들겠지요. 뿐만 아니라 운반 트럭에서 나오는 이산화탄소도 줄이는 효과가 있고요. 이는 온실가스를 적게 배출하는 셈이므로 **기후변화와 대응** 목표를 실천하는 데 큰 도움이 된답니다.

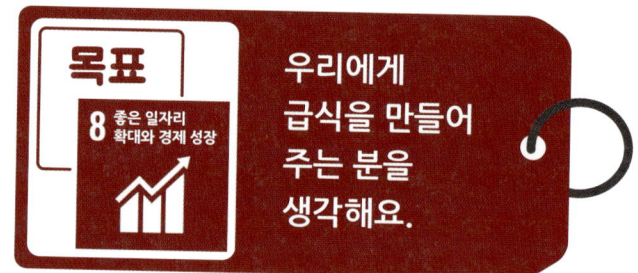

학교에는 담임 선생님 말고도 여러분의 즐거운 학교생활을 위해 열심히 일하는 분들이 많아요. 급식실 조리사 선생님, 도서관 사서 선생님, 행정실 서무 선생님 등 학교의 수많은 일을 처리해 주시는 감사한 분들이지요. 이분들이 하는 일에 관심을 가지고 일의 가치와 보람에 대해 생각해 보면 좋겠어요. 이는 **좋은 일자리 확대와 경제 성장** 목표를 달성하는 데 작은 밑거름이 된답니다.

학교 급식은 영양소를 골고루 섭취할 수 있도록 신경 써서 만들어요. 따라서 편식하거나 남기지 말고 잘 챙겨 먹어서 균형 잡힌 식사를 하도록 노력해요. 그리고 우리 몸이 어떤 영양소에 의해 유지되고 있는지도 생각해 보면 좋겠어요. 이처럼 유익한 정보를 자연스레 깨치면서 급식을 맛있게 먹는 것도 **모두를 위한 양질의 교육** 목표와 깊은 관련이 있답니다.

우리에게 꼭 필요한 급식 메뉴

급식으로 나오는 음식 중 가장 중요한 것은 바로 '우유'예요. 성장기 어린이에게 꼭 필요한 영양소인 칼슘이 듬뿍 들어 있기 때문이죠. 우유 외에 또 어떤 음식이 중요한지 친구들과 함께 찾아보고 이야기를 나누어 보세요.

목표 2 식량안보 및 지속가능한 농업 강화

음식을 먹을 수 있는 만큼만 받아 남기지 않아요.

현재 세계 인구 10명 중 1명은 굶주림으로 고통받고 있어요. 그런데 또 한쪽에서는 먹지도 않고 버려지는 음식이 어마어마해요. 예를 들어 영국에서는 매일 2,000만 개의 빵이 버려져요. 이런 음식물 쓰레기는 지구 환경에 치명적이에요. 따라서 급식을 받을 때 '남으면 버리면 되지, 뭐.' 하는 생각은 버리고 먹을 수 있는 만큼만 받도록 해요. 또 잔반을 줄이면 음식이 정말로 필요한 곳에 공급될 수도 있으니까요. 이렇게 음식을 소중히 생각하며 잔반을 줄이는 일은 기아 문제 해결에 도움이 돼요. 이는 **식량안보 및 지속가능한 농업 강화** 목표 실현에 큰 힘이 된답니다.

편식하지 않도록 노력하기

어떤 음식을 먹어 보지도 않고 '이건 싫어, 못 먹어.'라고 생각한 적이 있나요? 급식 시간에 다른 친구들이 맛있게 먹고 있다면, 여러분도 한번 도전해 보세요. 실제로 먹어 보니 입에 잘 맞아서 그 음식을 좋아하게 되는 경우도 분명 있답니다. 그리고 제철마다 나오는 신선한 식재료에 호기심을 가지고 조사하다 보면, 평소 안 먹던 음식이라도 관심이 생기고 좋아하게 될지 몰라요!

우리의 식탁을 책임지는 풍요로운 바다

점점 줄어드는 어획량

우리가 맛있게 먹는 음식은 바다의 풍부한 자원 덕분에 가능해요. 각종 생선구이, 시원한 조개탕, 다시마로 우려내는 육수 등 수산물의 역할이 매우 크지요. 그런데 최근 어획량이 계속 줄어들어서 큰 문제가 되고 있어요. 채 자라지 않은 새끼 물고기, 알을 밴 어미 물고기까지 마구잡이로 잡다 보니 해양 생물의 전체 개체수가 크게 줄어든 탓이지요. 성체가 되지 않은 생물은 절대 잡지 않는 등 해양 자원을 보호하기 위한 다양한 노력이 필요해요. 그래야 우리도 오래오래 해산물 요리를 즐길 수 있겠지요?

해양생태계를 지키는 방법

플라스틱 쓰레기를 줄여요
미세 플라스틱 쓰레기는 바닷속을 오염시키는 데다가, 동물들이 먹이로 착각해 삼키는 경우가 많아요. 그래서 많은 동물이 목숨을 잃고 있답니다.

다양한 해산물을 먹어요
사람들이 즐겨 먹는 생선은 많이 잡다 보니 그 개체수가 계속 줄어요. 그러면 해양생태계의 균형이 깨질 수밖에 없어요. 그러니 여러 생선을 골고루 먹도록 해요.

물고기 양식을 늘려요
양식은 물고기나 해조류를 인공적으로 길러서 번식시키는 것을 말해요. 양식을 하면 무분별한 어획으로 해양생물의 수가 줄어드는 것을 막을 수 있어요.

함께 이야기해요! 물고기 종류에 따라 잡는 방법이 조금씩 달라요. 그 방법을 조사해 보고 해양생태계에 나쁜 영향을 미치는 점은 없는지 알아보아요.

SDGs 힌트 찾기

발표 시간

수업 시간에 모둠별로 발표를 할 때도 SDGs를 찾을 수 있어요.
아래 힌트를 보며 생각해 보아요.

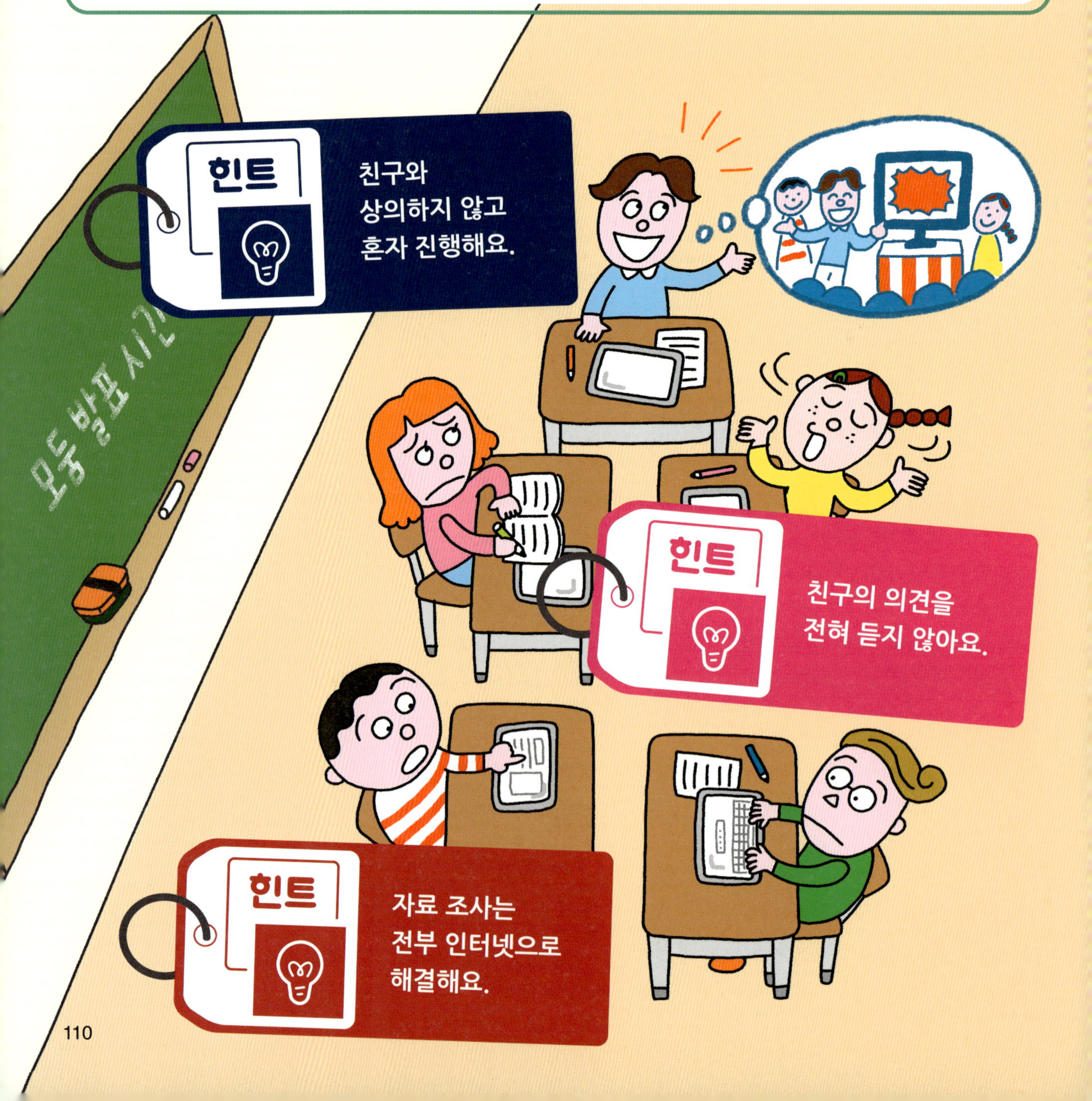
힌트
친구와 상의하지 않고 혼자 진행해요.
모둠 발표 시간
힌트
친구의 의견을 전혀 듣지 않아요.
힌트
자료 조사는 전부 인터넷으로 해결해요.

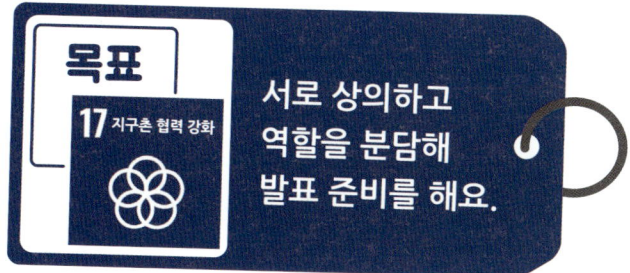

목표
17 지구촌 협력 강화
서로 상의하고 역할을 분담해 발표 준비를 해요.

모둠 발표는 혼자 발표할 때와 달리 친구들과 반드시 상의해야 해요. 어떤 주제가 좋을지, 발표 자료는 어떤 형식으로 만들지, 자료 준비를 위해 역할 분담은 어떻게 할 것인지 등등 정해야 할 것이 많지요. 그러니 모둠 발표를 준비할 때는 친구들과 많은 이야기를 나누어야 하고 상대방의 의견에 항상 귀를 기울여야 해요. 그리고 역할을 정할 때, 자신이 가장 잘하는 것을 맡아야 원활하게 진행돼요. 이렇게 각자의 특기를 발휘하면서 함께 힘을 모으면 혼자 할 때보다 훨씬 창의적인 아이디어가 나온답니다. 친구들과 함께 머리를 맞대고 다양한 주제에 대해 의견을 나누는 경험은 지구촌 협력 강화 목표에 한 발 다가가는 것이에요.

다양한 형식의 발표 자료

발표 자료는 친구들과 상의하여 다양한 형식으로 만들 수 있어요. 깊이 있는 정보를 전하는 신문 형식, 한눈에 시선을 사로잡는 그림 포스터나 광고 리플릿 형식, 핵심 문장이나 단어를 강조하는 카드 뉴스 등 저마다 장점이 뚜렷하지요.

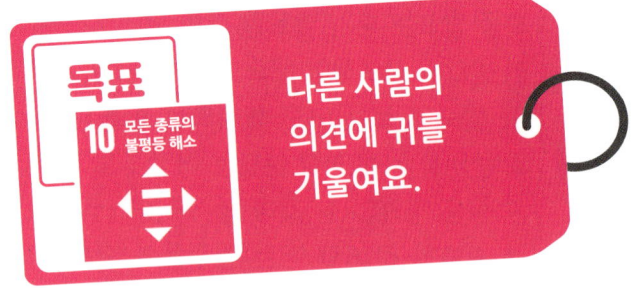

모둠 친구들과 함께 활동할 때는 나의 의견을 잘 전달하는 것도 중요하지만 무엇보다 다른 친구의 이야기를 잘 들어주어야 해요. 설사 나와 생각이 다르더라도 내가 옳고 상대방이 틀렸다는 식으로 말해서는 안 돼요. 모든 친구들의 의견을 소중하게 여기고 어떻게 하면 의견을 모을 수 있을지 충분히 상의하는 것이 좋겠지요. 나와 생각이 다른 사람을 있는 그대로 인정하고 협력하는 것은 **모든 종류의 불평등 해소** 목표를 달성하는 데 매우 중요한 행동이에요.

- 친구들이 퀴즈를 좋아하니 모두 재미있어 할 거야.
- 퀴즈 문제를 준비하는 동안 우리도 즐거울 거야.
- 컴퓨터 모니터로 퀴즈 문제를 크게 보여주면 친구들이 우리 발표에 집중할 거야.
- 퀴즈를 맞히거나 틀릴 때 효과음을 틀면 놀이처럼 신날 거야.

의견을 정확하게 말하기

사람들 앞에서 자신의 의견을 말할 때는 그렇게 생각한 이유를 정확히 밝혀요. 그리고 비속어나 욕설은 절대 쓰지 말고 바른 말로 천천히 이야기해요. 그러면 사람들이 이해하기 쉬워서 내 말에 더 집중할 거예요.

많은 사람들이 인터넷에 익숙해서 정보를 찾을 일이 있으면 대부분 컴퓨터나 핸드폰을 열 거예요. 하지만 인터넷으로 정보를 검색하면 가짜 뉴스로 틀린 정보를 얻기도 하고 한쪽으로 치우친 정보가 되는 경우도 있어요. 그러니 인터넷 검색에만 의존하지 말고, 도서관에서 다양한 자료를 찾아보면 좋겠어요.

도서관에는 책, 도감, 사전, 신문, 잡지 등 다양한 자료가 갖추어져 있어요. 도감의 생동감 넘치는 사진, 사전의 매우 자세한 정보 등 각 자료의 장점을 충분히 활용하면 발표 자료를 만들 때 도움이 될 거예요. 도서관은 모든 사람에게 배움의 즐거움, 앎의 기쁨을 주는 장소예요. 도서관을 자주 방문하면 **모두를 위한 양질의 교육** 목표를 달성하는 데 도움이 될 거예요.

어른에게 인터뷰하기

자료를 조사하는 또 다른 방법으로 인터뷰가 있어요. 해당 주제에 대해 경험이 많은 어른이나 많이 연구한 전문가를 찾아가 직접 인터뷰를 하는 것이지요. 많은 정보와 이야기를 자연스럽게 끌어내려면 어떻게 인터뷰해야 할지 곰곰이 생각해 보아요.

깨끗한 물은 당연한 것이 아니에요

수도 시설이 꼭 필요한 이유

우리가 생활하는 데 없어서는 안 될 것이 바로 '물'이에요. 식수를 비롯해 요리, 빨래, 목욕 등 물이 쓰이는 곳이 매우 많지요. 우리나라는 수도꼭지만 틀면 물이 펑펑 나오지만, 모든 나라가 이렇게 깨끗한 물을 마음껏 사용하는 것은 아니에요. 전 세계 사람들 가운데 약 8억 4천 명이 아직도 집에서 30분 이상 떨어진 먼 곳에 가서 물을 길어 오고 있어요. 어떤 지역은 상하수도 시설이 갖춰져 있지 않아 더러운 물을 그대로 사용하는 경우도 있지요. 모두가 건강하고 안전하게 생활하려면 깨끗한 물을 제공하는 수도 시설이 꼭 필요하답니다.

어린이의 권리를 빼앗는 물 운반

수도 시설이 없어 먼 곳까지 가 강물이나 우물물을 길어 오는 사람들이 있다고 했지요? 이 경우 대개 어린이가 물 긷는 일을 맡아요. 하지만 물 운반은 어린아이가 하기에 매우 힘든 노동이에요. 학교에도 가지 못하고 건강도 계속 나빠지는 등 어린이가 건강하게 살 권리를 빼앗고 있지요.

함께 이야기해요! 아프리카 수단에서 교육, 의료 봉사를 했던 고 이태석 신부님은 말기암 판정을 받았을 때, 수단 톤즈에 우물을 다 파지 못한 것을 먼저 걱정했어요. 이태석 신부님이 수단에서 펼친 봉사 활동을 찾아보고 이야기해 보세요.

등하굣길

SDGs 힌트 찾기

집과 학교를 오가는 길 위에서도 SDGs를 많이 찾아볼 수 있어요.
힌트를 보면서 내가 해야 할 행동을 떠올려 보아요.

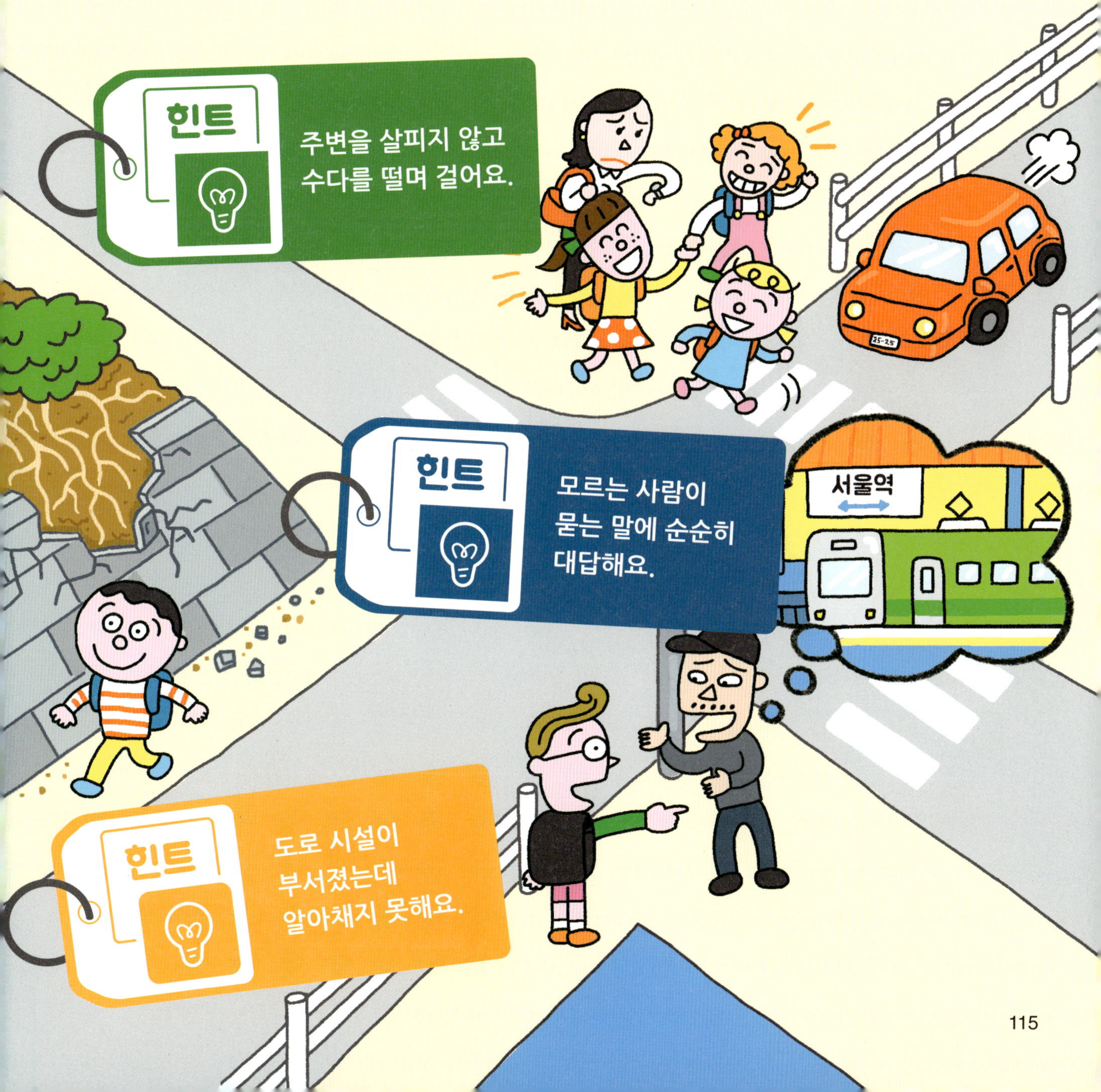

힌트: 주변을 살피지 않고 수다를 떨며 걸어요.

힌트: 모르는 사람이 묻는 말에 순순히 대답해요.

힌트: 도로 시설이 부서졌는데 알아채지 못해요.

목표

3 건강하고 행복한 삶 보장

주변을 살피며 교통 규칙을 지켜요.

등하굣길에 주변은 전혀 살피지 않고 친구와 수다를 떤 적이 있나요? 사실 이런 행동은 매우 위험해요. 어린이 교통 사고는 대부분 등하굣길에 가장 많이 발생하거든요. 차들이 쌩쌩 달리는 도로와 많은 사람이 오가는 복잡한 인도에는 위험 요소가 많아요. 길을 건널 때는 자동차가 오는지 확인하고, 인도를 걸을 때는 다른 사람과 부딪히지 않게 조심해요. 나의 안전은 그 누구도 아닌 자기 자신이 지키는 것이랍니다. 우리 모두 스스로를 안전하게 지켜 **건강하고 행복한 삶**을 꾸려 보아요.

언제나 차 조심!

자동차가 정차 중이어도 위험할 수 있으니 되도록이면 가까이 가지 않도록 해요. 특히 키가 작은 어린이는 차에 가까이 붙어 있으면 운전자의 시야에 잘 보이지 않아요. 차 바로 앞에 어린이가 서 있는데도 알아채지 못하고 갑자기 출발해서 안타까운 사고가 발생하곤 하지요.

목표 11 지속가능한 도시와 주거지 조성

늘 다니던 통학로가 위험하다면 다른 길로 가요.

평소에 아무 문제 없이 잘 다니던 통학로가 갑자기 위험해질 수 있어요. 벽이 무너져 인도가 엉망이 되거나, 공사가 시작되어 각종 기계들로 주변이 복잡해지기도 하지요. 특히 태풍, 지진 같은 자연재해가 발생하면 정말 위험해요. 그러니 도로가 위험하다고 생각되면 다시 안전해질 때까지 다른 길로 다니는 게 좋아요. 이때 가족이나 선생님에게 등하굣길 통학로가 바뀐 것을 반드시 알려야 해요. 내가 사는 지역의 도로 상황과 안전을 확인하는 행동은 **지속가능한 도시와 주거지**를 만드는 데 꼭 필요하답니다.

이쪽은 **위험해!**

주의 벽이 무너져 도로가 위험하니 다른 길을 이용하세요!

어린이 보호 구역(스쿨존)

아이들의 통행이 많은 학교, 학원 앞에 설정한 특별 보호 구역을 말해요. 스쿨존에서는 자동차의 통행, 정차, 주차가 금지 또는 제한되어 있어요. 그리고 자동차를 운전할 때 속도가 시속 30킬로미터를 넘으면 안 된답니다.

목표 16 평화·정의·포용

위험을 느끼면 망설이지 말고 단호히 행동해요.

평화·정의·포용 목표는 특히 어린이에게 매우 중요해요. 어린이가 폭력을 당하는 범죄가 여전히 많이 발생하며, 특히 유괴 범죄도 사라지지 않고 있어요. '가까운 역이 어딘지 알려 줄래?', '엄마가 다쳤는데, 널 병원으로 데려오래.'처럼 아이들이 잘 속는 말로 꾀어내는 경우가 아직도 많답니다. 전혀 모르는 사람이 말을 걸면 위험할지도 모르니 대답하지 말고 바로 자리를 피하는 게 좋아요. 혹시 억지로 끌고 가려 한다면 주변의 어른에게 소리쳐 도움을 청하세요. 나중에 나의 착각으로 밝혀지더라도, 위험이 느껴지는 순간에는 망설이지 말고 단호하게 행동하세요.

등하굣길에 다른 길로 새지 않기

강아지 같은 동물을 데리고 다니면서 일부러 어린이에게 접근하는 나쁜 어른들이 있어요. 귀여운 동물로 경계심을 무너뜨리는 거지요. 하지만 낯선 사람을 따라 다른 곳으로 가는 행동을 매우 위험해요. 등하굣길에는 학교로, 집으로 곧장 가도록 해요.

빈곤은 생각보다 아주 가까이에 있어요!

6명 중 1명은 가난해요

한국의 상대적 빈곤율은 약 15퍼센트예요.(2021년 기준) 6명 중 1명꼴로 가난해서 힘든 삶을 살고 있다는 뜻이지요. 이는 선진국 중에서 매우 높은 수치라고 해요. 사실 가난은 나와 상관없는 먼 나라의 이야기가 아니에요. 내가 지금은 부모님과 함께 풍족하게 살고 있을지 몰라도 언제든 돈이 떨어져 가난해질 수 있거든요. 어떻게 하면 빈곤 문제를 해결할 수 있을까요? 함께 생각해 보아요.

*해당 국가와 지역의 평균적인 생활 수준보다 가난한 상태를 '상대적 빈곤'이라고 해요.

가난에서 벗어나기 힘든 이유

가난은 보통 자식으로 대물림된다고 해요. 돈이 없어서 학교를 다니지 못하면 적절한 학력을 갖추지 못해 안정된 직업을 가지기 어렵거든요. 그래서 아무리 노력해도 가난에서 벗어나기 힘든 거예요. 그리고 가난이 오랫동안 지속되면 '어차피 난 안 돼.' 하는 마음이 점점 커져서 가난의 연결고리를 끊는 것이 더 어려워진다고 해요. 따라서 가난한 사람들이 좀 더 나은 삶을 살 수 있도록 국가와 정부, 주변 사람들의 도움이 꼭 필요하답니다.

함께 이야기해요!

우리나라는 가난한 사람들을 위한 '생계급여' 제도가 있어요. 기본적인 생활이 어려운 이들에게 돈을 지급해 생활을 돕는 것이지요. 이 외에도 가난한 이들에게 꼭 필요한 제도가 무엇일지 의견을 나누어 보아요.

SDGs와 우리의 삶을 이어 주는 마중물 같은 책

'지속가능발전목표(SDGs)'에 대해 이야기하면, 많은 사람들이 '어렵다', '추상적이다', '의미는 좋은데 무엇을 하라는 건지 모르겠다.'라는 반응이 대부분입니다. 그만큼 SDGs는 아직까지 우리 사회에서 익숙하지 않은 용어예요.

대체 왜 그런 걸까요? 아마도 SDGs 용어를 주로 사용하고, SDGs 관련 정책을 연구하는 사람들이 다소 딱딱한 방식으로 그 의미를 설명하고 있기 때문일 거예요. 게다가 일상에서 실천할 수 있는 딱 알맞은 예시가 부족하다 보니, SDGs가 우리 실생활과 동떨어진 느낌을 많이 받는 것 같습니다.

그런데 이 책《우리 모두 SDGs》가 그 어려운 것을 '너무나 쉽게' 풀어낸 것을 보고 무릎을 탁 쳤어요. 먼저 집에서, 학교에서, 동네에서 자주 일어나는 상황을 그림으로 보여 주면서 자연스레 SDGs 목표를 떠올리게 해 줍니다. 그런 다음, 해당 상황의 문제점을 알려 주면서 우리 사회가 가진 다양한 문제를 다시금 생각해 보도록 되어 있어요. 마지막으로, 해당 상황에서 우리가 어떻게 행동하면 될지 함께 해법을 찾고 일상 속에서 실천할 수 있도록 독려합니다.

예를 들어 볼까요? 온 가족이 다 함께 식사하는 그림에서 엄마 혼자 바쁘게 음식을 차리고 치우는 모습, 고기만 쏙쏙 골라 먹는 아이, 그릇마다 잔반이 많이 남은 것 등을 볼 수 있습니다. 너무나 흔한 풍경이지만, 엄마에게 가중된 집안일은 우리 일상에서 SDGs 5번 목표인 '성평등'이 제대로 지켜지지 않을 때가 많다는 것을 일깨우지요. 또 고기만 즐겨 먹는 편식은 영양소를 골고루 섭취할 수 없어서 SDGs 3번 목표인 '건강한 삶'을 달성하기 어렵다고 알려 줍니다. 특히 음식물 쓰레기로 버려지는 잔반은 굶주리는 사람을 없애고자 하는 SDGs 2번 목표 '식량안보'에 반하는 행동일 뿐 아니라, 음식물 쓰레기가 환경을 오염시키기 때문에 12번 목표인 '지속가능한 생산과 소비'에도 어긋나지요. 이렇게 하나의 장면을 놓고도 우리가 해결해야 할 다양한 문제를 발견하고, 해결책을 찾아가는 '융합적 사고'를 할 수 있어요. 이밖에 동물 복지, 기후 위기, 평등한 사회, 안전한 주거지 등등에 대해서도 위의 예시처럼 아주 쉽고 흥미롭게 설명합니다.

SDGs의 달성 기한은 2030년인데, 많은 사람들이 달성하기 어려울 거라고 말해요. 가장 큰 이유는 우리가 사는 세상이 갈수록 복잡해지고, 다양한 생각을 가진 사람들이 저마다 다른 목소리를 내기 때문이에요. 지금 우리에게 필요한 것은 타인의 처지에서 생각하고 그들의 형편을 이해해 주려는 태도예요. 대화의 출발은 이렇게 서로를 이해하는 것이고, 서로에 대해 잘 알게 될 때 아동 노동, 화장실 부족, 폭력, 공정 무역, 배리어 프리(무장애) 등에 대해 함께 머리를 맞대고 해결책을 마련할 수 있지요. 그러면 우리만 행복하게 사는 것에서 그치지 않고, 전 세계 모두가 지속가능하고 행복한 삶으로 들어갈 수 있을 거예요.

자, 그럼 이 책을 어떻게 활용하면 좋을까요? 온 가족이 함께 보고, 학교에서 친구들과 나누어 보고, 동네에서 이웃과 나누어 읽기 바랍니다. 그래서 말로만 SDGs가 중요하다고 하지 말고, 이 책에서 알려 주는 행동들을 매일, 조금씩, 하나씩 해 보면 좋겠어요. 그러면 분명 우리 일상이 완전히 바뀔 거라고 확신합니다. SDGs와 우리의 삶을 서로 연결해 주는 마중물 같은 이 책을 통해 SDGs가 결코 어렵지 않다는 것을 느끼기 바랍니다.

윤희철 (한국지속가능발전센터 센터장)

용어 설명

개발 도상국 : 선진국의 기술이나 제도가 보급되지 않아서 산업과 경제 개발이 뒤처진 나라를 말해요.

계면 활성제 : 서로 다른 물질의 경계를 허물어 잘 섞이게 하는 물질을 말해요. 예를 들어 본래 잘 섞이지 않는 물과 기름에 계면 활성제를 넣으면 두 물질의 경계가 흐트러지면서 서로 섞이게 돼요.

공정 무역 : 개발 도상국의 생산자들에게 생산 원가와 노동의 대가를 공정하게 지불하는 무역을 말해요. 선진국과 개발 도상국 사이의 불공정 무역 때문에 환경 파괴, 노동력 착취, 인권 침해 등의 문제가 발생하자 이를 해결하기 위해 시작되었어요.

그린 에너지 : 태양, 바람, 물 등 지속가능한 자원을 이용해 만들어지는 에너지예요. 석유, 석탄, 원자력 등과 달리 환경을 더럽히지 않는 친환경 에너지로, 청정 에너지, 신재생 에너지라고도 해요.

기후변화 : 기후가 오랜 시간에 걸쳐 점차적으로 변하는 것을 말해요. 화산 분화, 태양 활동의 변화 같은 자연적 원인도 있지만, 현재는 화석 연료의 과다 사용, 환경 파괴 같은 인간의 활동에서 비롯되는 원인이 더 큽니다.

동물권 : 동물에게 주어지는 기본적인 권리를 뜻해요. 동물도 존엄한 생명체로서 질병에 시달리지 않고, 고통과 학대를 받지 않고, 행복한 상태에서 살아갈 권리를 말하지요.

사회안전망 : 국가가 질병·노령·실업·산업 재해·빈곤 등 사회적 위험으로부터 국민을 보호하기 위해 만든 제도적 장치예요. '사회보장', '사회복지'와 같은 뜻으로, 5대 사회보험(국민연금, 건강보험, 고용보험, 산재보험, 공공부조)을 가리켜요.

온실가스 : 인간의 활동으로 인해 대기 중으로 방출되는 화학 물질을 말해요. 대기 중에 온실가스가 너무 많으면 지표면의 열기가 우주로 빠져나가지 못해 지구의 온도가 높아져요.

유엔(UN) : 1~2차 세계 대전을 겪은 이후 국제 평화와 안전을 유지하고 경제·사회·문화에 관한 다양한 문제를 평화롭게 해결하기 위해 만들어진 국제 기구예요.

교과 연계표

초등 교과

	도덕	사회	과학	실과
3학년	4.아껴 쓰는 우리 5.함께 지키는 행복한 세상 6.생명을 존중하는 우리	3-2 1.환경에 따라 다른 삶의 모습	3-1 5.지구의 모습 3-2 3.지표의 변화	
4학년	2.공손하고 다정하게 3.아름다운 사람이 되는 길 4.힘과 마음을 모아서 6.함께 꿈꾸는 무지개 세상	4-1 2.우리가 알아보는 지역의 역사 4-1 3.지역의 공공 기관과 주민 참여 4-2 2.필요한 것의 생산과 교환 4-2 3.사회 변화와 문화의 다양성	4-2 5.물의 여행	
5학년		5-1 2.인권 존중과 정의로운 사회	5-1 5.다양한 생물과 우리 생활 5-2 2.생물과 환경 5-2 3.날씨와 우리 생활	
6학년		6-1 2.우리나라의 정치 발전 6-1 3.우리나라의 경제 발전 6-2 2.통일 한국의 미래와 지구촌의 평화	6-2 1.전기의 이용 6-2 5.에너지 생활	1.나와 가족 2.가족과 가정일 5.가정생활의 실천 6.친환경 농업과 미래

중등 교과

	도덕	사회	과학	기술가정
1학년	II.타인과의 관계 III.사회, 공동체와의 관계	VIII.문화의 이해		VI.건설 기술
2학년		1.인권과 헌법 8.사람이 만든 삶터, 도시 10.환경 문제와 지속가능한 환경 12.더불어 사는 세계	7.수권과 해수의 순환 9.재해, 재난과 안전	2.가족의 생활과 안전 4.수송 기술과 에너지
3학년			2.기권과 날씨 6.에너지 전환과 보존	

*중등 전 과목과 초등 실과 과목은 미래엔 교과서를 기준으로 작성하였습니다.

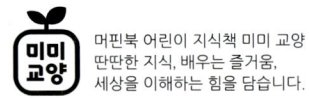

머핀북 어린이 지식책 미미 교양
딴딴한 지식, 배우는 즐거움,
세상을 이해하는 힘을 담습니다.

미미 교양 ❶

우리 모두 SDGs
지구의 미래를 바꾸는 작지만 대단한 행동들

1판 1쇄 발행 2023년 7월 20일
1판 2쇄 발행 2024년 5월 15일

WILL어린이교육연구소 엮음 ㅣ 세키 마사오 감수 ㅣ 양윤정 옮김

펴낸곳 머핀북 ㅣ **펴낸이** 송미경 ㅣ **편집** skyo0616 ㅣ **디자인** 최혜영
출판등록 제2022-000122호 ㅣ **주소** (우)04167 서울시 마포구 큰우물로76 403호
전화 070-7788-8810 ㅣ **팩스** 0504-223-4733 ㅣ **전자우편** muffinbook@naver.com
인스타그램 muffinbook2022 ㅣ **블로그** blog.naver.com/muffinbook

ISBN 979-11-981499-6-1 73300

책값은 뒤표지에 있습니다.
잘못된 책은 구입하신 서점에서 바꾸어 드립니다.
이 책의 내용을 이용하려면 반드시 저작권자와 머핀북의 동의를 받아야 합니다.

어린이제품 안전특별법에 의한 기타표시사항
제품명 도서 ㅣ 제조자명 머핀북 ㅣ 제조국명 한국 ㅣ 사용연령 8세 이상
KC마크는 이 제품이 공통안전기준에 적합하였음을 의미합니다.